Beim Habemus Papam, der Verkündigung des neuen Papstes, herrscht anfangs leichte Verwirrung. Mit dem Namen „Jorge Mario Bergoglio" wissen zunächst die wenigsten etwas anzufangen. Bald darauf sind die Menschen in aller Welt jedoch begeistert; es scheint, als könnte Franziskus der Kirche neuen Schwung verleihen. Den Optimismus und die Freude am Glauben strahlt er auch selbst aus. Hier zu Beginn seiner ersten Generalaudienz am 27. März 2013.

Zehn Tage vor seiner Wahl zum Papst, am 3. März 2013: Kardinal Jorge Bergoglio trinkt in Buenos Aires den traditionellen Mate-Tee. Wie es in ganz Südamerika typisch ist, benutzt er dabei einen ausgehöhlten, bemalten Flaschenkürbis und ein Trinkrohr aus Metall. Mate ist ein einfaches Getränk für jedermann.

Am 6. März, wenige Tage vor Beginn des Konklaves im Vatikan: Es ist ein stürmischer, regnerischer Tag. Auf dem Weg zu den Vorgesprächen weht der Wind dem kanadischen Kardinal Marc Ouellet das Pileolus vom Kopf. Kardinal Bergoglio bückt sich danach. Der Kanadier galt vor dem Konklave als einer der aussichtsreichsten Kandidaten für die Nachfolge Benedikts XVI.

Am Tag nach der Wahl: Auf dem Rückweg von seinem Gebet in der Basilika Santa Maria Maggiore kehrt der neue Pontifex zurück ins Hotel Domus Internationalis Paulus VI. – um die Rechnung zu bezahlen. „Er hatte sein Gepäck im Hotel gelassen und wollte es abholen. Er grüßte alle und entschied sich, die Rechnung selbst zu zahlen. Er wollte ein gutes Beispiel für andere Priester und Bischöfe abgeben", berichtet ein Vatikansprecher. Ein anderer Pater, der im gleichen Hotel wohnte, reagierte überrascht: Schließlich gehöre das Hotel der Kirche, „und es ist jetzt seine Kirche." Franziskus sah das offensichtlich anders.

Ein Bruch mit der Tradition: Am Gründonnerstag wäscht Franziskus zwölf Häftlingen, Männern wie Frauen, in einem römischen Jugendgefängnis die Füße. Waren es bisher stets zwölf ausgewählte Priester, denen der Papst in der Lateranbasilika die Füße wusch, so begibt sich Franziskus ganz bewusst an den Rand der Gesellschaft. „Der Hirte muss riechen wie seine Schafe", lautet sein Motto.

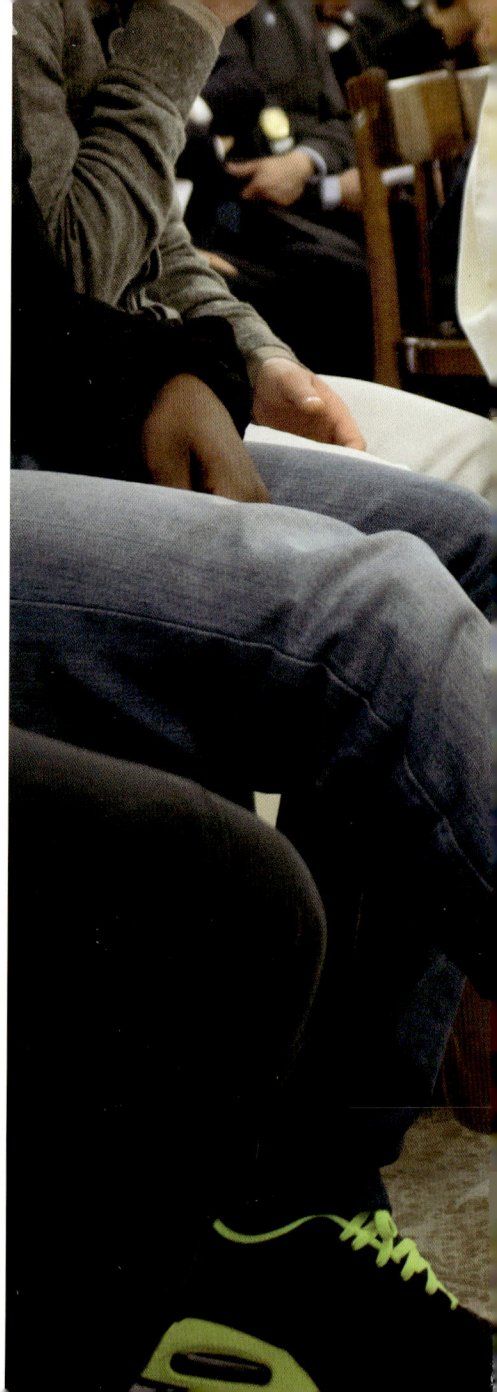

Zwei, die sich verstehen, auch wenn sie – wie es scheint – „Hände und Füße" dazu verwenden. Am 18. Mai empfängt Papst Franziskus Bundeskanzlerin Angela Merkel zu einer Privataudienz. Ganz so schwierig kann es aber doch nicht gewesen sein, eine gemeinsame Sprache zu finden. Immerhin versteht Franziskus Deutsch und macht bei Besuchern aus Deutschland auch davon Gebrauch. Die Stimmung ist gut. Angela Merkel gewinnt den Eindruck, „dass Papst Franziskus durch sehr einfache und berührende Worte die Menschen erreicht."

Souvenirs vom Weltjugendtag in Rio de Janeiro: Auf dem Weg vom Flughafen hält Franziskus in der Basilika Santa Maria Maggiore an, legt ein T-Shirt und einen Ball mit den brasilianischen Nationalfarben auf den Altar und betet. Es sind Geschenke, die ihm Jugendliche ins offene Papamobil geworfen hatten. Um den Menschen näher zu sein, hatte Franziskus auf den Glasaufbau des Papamobils verzichtet.

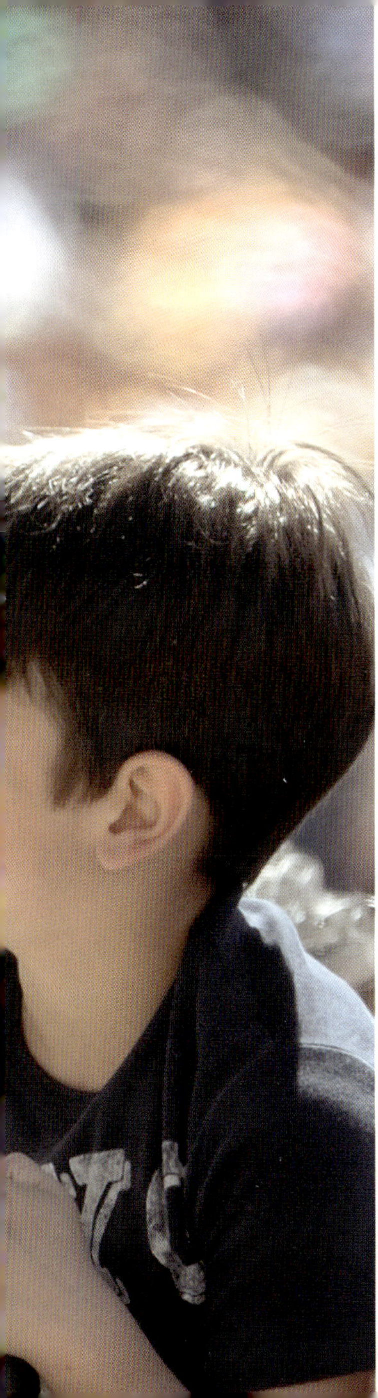

Ein Papst zum Anfassen: Franziskus kommt auch bei Kindern gut an. Er weiß, dass man mit ihnen anders reden muss als mit Erwachsenen. An äußeren Zeichen für die Würde seines Amtes ist Franziskus wenig gelegen. So verwundert es auch nicht, dass er einem Mädchen zum Scherz sein Pileolus aufsetzt, das weiße Scheitelkäppchen, das dem Papst vorbehalten ist. Eigentlich ist Franziskus da gerade auf dem Weg zum Altar auf dem Petersplatz, von wo aus er seine wöchentliche Generalaudienz hält. Zeit für einen kleinen Scherz hat er aber allemal!

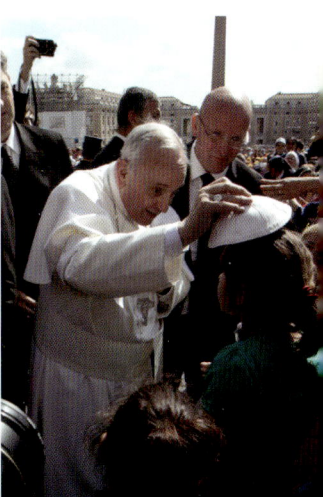

Ein Bild, das um die Welt geht und mit dem Franziskus ein unübersehbares Zeichen setzt. Statt der edlen Schuhe aus rotem Kalbsleder trägt er weiter seine schwarzen, bereits etwas ausgetretenen Straßenschuhe. Stilkritiker bemängeln, dass Franziskus zur weißen Soutane keine passende Hose trägt, sondern eine normale schwarze Anzughose. Der neue Papst nimmt's gelassen.

Bruder Papst

Bruder Papst

Anekdoten & Erinnerungen

benno

Fotonachweis:
S. 1: © L'Osservatore Romano
S. 2-10: © picture-alliance / dpa

Bibliografische Information der Deutschen Nationalbibliothek
Die Deutsche Nationalbibliothek verzeichnet diese Publikation in
der Deutschen Nationalbibliografie; detaillierte bibliografische Daten
sind im Internet über http://dnb.d-nb.de abrufbar.

Besuchen Sie uns im Internet:
www.st-benno.de

Gern informieren wir Sie unverbindlich und aktuell
auch in unserem Newsletter zum Verlagsprogramm,
zu Neuerscheinungen und Aktionen.
Einfach anmelden unter www.st-benno.de.

ISBN 978-3-7462-4084-8

© St. Benno Verlag GmbH, Leipzig
Text: Stefanie Boden, Leipzig
Umschlaggestaltung: Ulrike Vetter, Leipzig
Umschlagfoto: © picture alliance/AP Photo
Gesamtherstellung: Kontext, Lemsel (E)

Inhalt

I. HABEMUS PAPAM! — 10
Wir brauchen einen Franziskus! — 11
Rückflugticket verfällt — 11
Die „Bewerbungsrede" — 12
Im zweiten Anlauf — 13
Der Beginn eines Abenteuers — 14
Buona sera — 15
Auf Augenhöhe — 17
Sieg beim Armdrücken — 18
Ein „armer Bursche" — 19
„Ich konnte nicht Nein sagen." — 20
Improvisierte Verbindung — 21
Gott kommt doch zum Ziel — 22
Die schwarzen Schuhe — 23
„Möge Gott euch vergeben" — 24
Gebet in aller Stille — 24
Guten Appetit — 25
Wappen-Korrektur — 26
„Liebe Brüder, los!" — 27
Ein Papst zum Anfassen — 28
Nomen est omen — 29
Hadrian oder Clemens? — 31
Stiller Segen — 31
Ein Herz für Tiere — 32
Eine gewisse Spontaneität — 33
Bleibt zuhause! — 34

Eine Nummer kleiner, bitte!	34
Heiliger Sohn	36
Ein Stuhl zum Ausruhen	37
Messe mit Gärtnern und Müllabfuhr	38
Unangemeldeter Besuch	39
Treffen in Schwarz-Weiß	40
„Grüß Gott"	41
Gipfeltreffen der Päpste	42
II. FRISCHER WIND IM VATIKAN	**44**
Ein Premieren-Papst	45
Ohne Manuskript	45
Ärger um Frauen-Fußwaschung	47
Deutliche Botschaften	48
Ein Herz für Ökumene	49
Frischer Konzilswind	50
Vorbild: Johannes XXIII.	51
Ohne Extrazahlung!	52
Der Papst und die Bundeskanzlerin	53
Keine Langeweile!	54
Neue Berater	55
Das Dienstfahrrad	56
Heilige Väter	57
Enzyklika vierhändig	58
Unter dem Flügel des Erzengels	59
Verlockungen der Technik	61
Gottesdienst auf der Flüchtlingsinsel	62
Ein Stich ins Wespennest	63

Twitter-Rekord	64
Schluss mit Geldwäsche	65
Die Direktoren gehen	66
Mann des Jahres	67
Gegen Kindesmissbrauch und Korruption	69
„Ich entscheide selbst"	69
Franziskus und „der Alte"	70
Weltjugendtag in Brasilien	71
III. EIN ARGENTINIER MIT ITALIENISCHEN WURZELN	**72**
Schiffbruch ohne Papst	73
Ein wenig Heimaterde	74
Eine echte italienische „Nonna"	75
Schulkameraden aus Flores	75
In der Strumpffabrik	76
Gut gewürzt	77
Fußball-Leidenschaft	78
1:0 für „die Heiligen"	79
Ein ungewöhnlicher Heiratsantrag	80
Tango Argentino	81
Berufung im Beichtstuhl	82
„Gute" Ratschläge	83
Mit halber Lunge	84

IV. PRIESTER UND ERZBISCHOF „AM ENDE DER WELT" — 85

Hinaus in die Welt — 86
In Zeiten der Diktatur — 87
Zwei Fälschungen — 88
„Ich bin versöhnt" — 89
Bergoglio in Deutschland — 90
Boppard – Buenos Aires — 91
Exportschlager aus Augsburg — 92
Der Erzbischof im Omnibus — 93
Der Papst aus den Slums — 93
Geht auf die Straße! — 95
Nicht ohne Terminkalender — 96
Small Talk übers runde Leder — 96
Zum Glück keine Schwiegermutter — 97
Noch ein Witz — 98
Teufel im Talar — 99
Des Kardinals alte Kleider — 100
Am Gepäckband sind alle gleich — 101

V. UNKONVENTIONELL UND MUTIG – DIE WORTE DES PAPSTES — 102

Die Weisheit des Lebens — 103
Keine Angst vor der Zärtlichkeit! — 103
Den Horizont der Hoffnung öffnen — 104
Achtung gegenüber der Schöpfung — 104
Den Heiligen Geist zähmen — 105
Gott ist kein „Dio-Spray" — 105

Seid Hirten, nicht Funktionäre!	106
Wenn die Hirten zu Wölfen werden	106
Die Kirche ist keine Nichtregierungsorganisation	107
Ich bin wie jeder von euch	108
Leben in der Wegwerfkultur	108
Die Globalisierung der Gleichgültigkeit	109
Jorge Mario Bergoglio – Franziskus	110
Verwendete Literatur	112

I. Habemus Papam!

„Als Papa Francesco am Balkon erschien und ‚Buona sera' sagte, da kamen mir die Tränen."

Sophia Loren

„Sein bescheidenes Auftreten zeigte bereits, dass sich Franziskus dem ganzen Brimborium widersetzen wird. Ein Vorbild für alle Prälaten: Raus aus den Palästen, leben wie das Volk. ... Man kann sich wieder mehr freuen, katholisch zu sein."

Heiner Geißler, ehemaliger CDU-Generalsekretär

„An den Kardinal Bergoglio habe ich nicht gedacht. Doch siehe da ... Das ist ja das Schöne, dass wir eigentlich nicht die Macher sind, wir sind eigentlich nur so die ausführenden Organe. Jetzt können wir sagen: Die Arbeit war gut, wir haben einen Papst! Und es ist eigentlich ein gutes Zeichen, dass er ganz anders ist, als ich ihn mir vorgestellt hätte!"

Joachim Kardinal Meisner über das Konklave

Wir brauchen einen Franziskus!

Es sind beinahe prophetische Worte, die Papst Johannes Paul II. im Februar 2003 spricht: „Zu Beginn des 3. Jahrtausends bedarf die Menschheit und die ganze Welt mehr denn je der Spiritualität des heiligen Franziskus. Männer und Frauen von heute brauchen den Glauben, die Hoffnung und die Barmherzigkeit von Franziskus; sie brauchen die Freude, die aus der Kraft seiner Spiritualität strömt." Diese Sätze, die zehn Jahre später in überraschender Weise aktuell klingen, fallen bei einem Treffen mit Franziskanern aus Polen. Bei diesem Treffen erinnert sich Johannes Paul II. an einen Besuch im Franziskanerkloster in Krakau, bei dem er schon 1976 aufrief: „Wir müssen intensiv dafür beten, in unseren eigenen Zeiten einen Franziskus zu bekommen."

Rückflugticket verfällt

Am 26. Februar, also kurz vor Beginn der Sedisvakanz, bricht Jorge Mario Bergoglio zum Konklave nach Rom auf. Vor seiner Abreise sagt er zu einem seiner engsten Mitarbeiter in Buenos Aires: „Ich habe keine Chance, Papst zu werden. Das

Alter spricht diesmal gegen mich." Tatsächlich ist Kardinal Bergoglio bereits 76 Jahre alt, als er sich zum Konklave aufmacht; nur zwei Jahre jünger als Joseph Ratzinger bei seiner eigenen Wahl 2005. Würden die Kardinäle wieder ein Kirchenoberhaupt wählen, das möglicherweise wenige Jahre später nicht mehr die Kraft für das Amt verspürt? Kardinal Bergoglio hält das für wenig wahrscheinlich. Seinen Rückflug hat er für den 23. März gebucht. Ganz so schnell wird er nun wohl nicht nach Buenos Aires reisen können.

Die „Bewerbungsrede"

Vor dem Konklave nehmen sich die aus aller Welt angereisten Kardinäle Zeit, ausführlich in der Generalkongregation miteinander über die Situation der Kirche zu reden und zu beraten, welche Art von Papst sie in Zukunft haben wollen. Jeder Kardinal kann sich zu einem Thema seiner Wahl zu Wort melden. Die Redezeit ist dabei wegen der großen Anzahl der Wortmeldungen auf fünf Minuten begrenzt. Am 8. März – es ist bereits der fünfte Tag der Beratungen – meldet sich Jorge Mario Bergoglio zu Wort. Seine kurze Rede, die mit etwas mehr als drei Minuten sogar noch deutlich unter dem Zeitlimit bleibt, hinterlässt einen tiefen Eindruck. Nach der Wahl stimmt der neue Papst einer Veröffentlichung der Rede zu – entgegen der sonst üblichen Geheimhaltung. In sehr klaren Worten kritisiert er darin die Selbstbezogenheit der Kirche. Mit Blick auf eine Bibelstelle aus der Offenbarung, in der es darum geht, dass Jesus an der Tür steht und anklopft, meint er: „In dem Bibeltext geht es offensichtlich darum, dass er von außen klopft, um hereinzukommen. Aber ich denke an die Male, wenn Jesus von innen klopft, damit wir ihn herauskommen lassen. Die egozentrische Kirche beansprucht Jesus für sich drinnen und lässt ihn nicht nach außen treten."

Im zweiten Anlauf

Bereits beim Konklave 2005 galt Kardinal Bergoglio als „papabile". Wie man aus dem veröffentlichen Konklave-Tagebuch eines anonymen Kardinals erfahren konnte, war Bergoglio der Hauptkonkurrent von Joseph Ratzinger. Da alles, was im Konklave geschieht, streng geheim gehalten wird, sorgte 2005 die Veröffentlichung der Aufzeichnungen in der italienischen Zeitschrift „Limes" für Aufsehen. Laut dieses Berichts hatte

Bergoglio im dritten Wahlgang ganze 40 von 115 Stimmen erhalten. Ratzinger hatte da schon 72 Stimmen erhalten, die jedoch nicht ausreichten. Ein Patt drohte. Bei der nächsten Mittagspause, es war der 19. April 2005, sprach Kardinal Bergoglio seine Unterstützer einzeln an und bat sie, ihre Stimmen Ratzinger zu geben. Er wollte die Wahl nicht blockieren. Joseph Ratzinger siegte daraufhin im nächsten Wahlgang mit 84 Stimmen und trat sein Pontifikat als Benedikt XVI. an. Einer der Kardinäle bezeichnete das Konklave später als „something of a horse race", ein zeitweise enges Rennen also. 2013 wurde Kardinal Bergoglio zwar wiederum als „papabile" gehandelt, galt jedoch nicht als einer der absoluten Top-Favoriten wie der Brasilianer Odilo Scherer, Erzbischof Angelo Scola oder Kanadas Kardinal Marc Ouellet. Franziskus ist ein Überraschungspapst im zweiten Anlauf.

Der Beginn eines Abenteuers

„Was für eine Erfahrung!", sagt der französische Kardinal Jean-Louis Tauran über die aufregendsten Minuten seines Lebens, in denen Fernsehkameras aus aller Welt auf ihn gerichtet sind. Dass er die Aufgabe haben würde, mit den Worten „Habemus Papam" der Welt die Wahl des neuen Papstes zu verkünden, steht schon zu Beginn des Konklaves fest. Anders gekommen wäre es nur, wenn der 69-jährige Tauran selbst zum Nachfolger Benedikts XVI. gewählt worden wäre. Das jedoch ist schon aufgrund seiner Parkinson-Erkrankung unwahrscheinlich. Ist es nun die Krankheit oder doch die Aufregung, die seine Stimme merklich zittern lässt? Vielleicht ein wenig von beidem. Als er den Namen des gewählten Kandidaten so lateinisch wie möglich als Georgium Marium Cardinalem Bergoglio verkündet, macht er sich Gedanken über die Reaktion der Menschen. Da Bergoglio „nicht zu den papabili gezählt worden war, wusste ich, dass sie überrascht sein werden". Der Moment auf der Loggia des Petersdoms, so bekennt er später, „war wie wenn ein Flugzeug abhebt, der Beginn eines Abenteuers".

Buona sera

Die Spannung ist riesengroß, als um 20:22 Uhr endlich der neue Papst die Loggia des Petersdoms betritt. Bereits kurz nach 19 Uhr war der weiße Rauch aus dem Schornstein der Sixtinischen Kapelle aufgestiegen und hatte das Ende des Konklaves verkündet. Seitdem warten Tausende Menschen bei strömendem Regen ungeduldig auf dem Petersplatz und Millionen weitere an den Fernsehgeräten in aller Welt. Wer ist der Neue? Etwas unscheinbar wirkt er, beinahe schüchtern. Keine großen Gesten, kaum ein Lächeln. Aufmerksam betrachtet er die Menschenmenge auf dem Petersplatz. Und dann, ganz unprätentiös, die ersten Worte: „Fratelli e sorelle, buona sera!" – Mit einem einfachen „Guten Abend" begrüßt er die „Brüder und Schwestern" und meint, die Kardinäle seien „fast bis ans Ende der Welt gegangen", um den neuen Bischof für Rom zu finden. Ungemein sympathisch und bescheiden wirkt er, als er zunächst mit den Gläubigen für Benedikt XVI. betet und ganz am Ende – bevor er den traditionellen Segen „urbi et orbi" spendet – die Menschen um einen Gefallen bittet: Sie sollen zunächst still für ihn beten. Ein paar Augenblicke herrscht dann tatsächlich tiefes Schweigen auf dem großen Platz. Zum Schluss wünscht er allen „Gute Nacht und angenehme Ruhe."

Auf Augenhöhe

Die zeitliche Verzögerung bis zum Habemus Papam – über eine Stunde hatte es nach dem Aufsteigen des weißen Rauches gedauert – klärt sich erst später auf. Warum der neue Papst so lange braucht, bis er die Loggia des Petersdoms betritt? Es liegt nicht etwa am Lampenfieber oder daran, dass die weiße Soutane nicht passt – nein, das Prozedere ist im Vorfeld gut vorbereitet. Beinahe zu gut, wie der neue Papst feststellt. Als er auf die Loggia treten will, bemerkt er ein Podest, das dort für ihn aufgebaut wurde. Er soll leicht erhöht stehen und unter den Kardinälen herausragen. Doch das passt dem Mann, der schon sein ganzes Leben lang so bescheiden wie möglich lebt, ganz und gar nicht. Seine „Brüder" möchte er auf Augenhöhe um sich haben. So schleichen sich zwei Handwerker – unbemerkt von der Menge auf dem Petersplatz – in gebückter Haltung auf die Loggia und bauen das Podest in Windeseile wieder ab.

Sieg beim Armdrücken

Es ist ein kleines Ringen oder ein „Armdrücken", wie es italienische Zeitungen nennen: der Kampf um die Mozzetta, das traditionelle rote „Schultermäntelchen" des Papstes. Guido Marini, seines Zeichens Zeremonienmeister für die liturgischen Feiern im Vatikan, unternimmt mehrere Versuche, dem neuen Papst die Mozzetta aufzudrängen. Immerhin hat er mehr Erfahrung als Bergoglio, wie der Papst beim Habemus Papam gekleidet zu sein hat. „Heiliger Vater, Sie müssen für den Urbi-et-orbi-Segen den roten Umhang mit dem Hermelinbesatz umlegen. Schauen Sie, das haben wir schon vorbereitet." Bergoglio lehnt den päpstlichen Purpurumhang jedoch konsequent ab, reagiert am Ende sogar etwas unwirsch. Mehrere Zeitungen berichten, er habe Marini mit den Worten zurückgewiesen, er solle die Mozzetta doch selbst umlegen, wenn ihm so viel daran liege. „Jetzt ist Schluss mit dem Karneval", zitiert ihn die Presse. Auch wenn die Authentizität dieses genauen Wortlautes umstritten ist: dem Sinn nach spielt sich die Szene tatsächlich so ab. Guido Marini, der während dieser Szene selbst ein reich verziertes Rochett trägt – im Volksmund ist es als „Gardine" bekannt –, wirkt darauf sichtlich verstört. Bergoglio tritt tatsächlich ohne Umhang auf die Loggia des Petersdoms, im protokollwidrig schmucklosen Talar.

Ein „armer Bursche"

Maria Elena Bergoglio, die jüngere Schwester von Jorge Mario Bergoglio, die als einzige seiner drei Geschwister noch am Leben ist, verfolgt zusammen mit ihrem Sohn Jorge Vallejos das „Habemus Papam" im Fernsehen. Eigentlich habe sie sich gewünscht, dass Kardinal Odilo Scherer aus Brasilien der neue Papst werden würde, den „habe ich immer gemocht", berichtet Maria Elena in einem Interview. „Wir haben den Fernseher angemacht, um herauszufinden, wer der arme Bursche ist, der zum Papst gewählt wurde." Eine Vorahnung, dass dieser „arme Bursche" ihr eigener Bruder sein würde, hat sie nicht. Anders als beim letzten Konklave 2005 hatte sie sich bei der Verabschiedung von ihrem Bruder dieses Mal überhaupt keine Sorgen gemacht, dass sie ihn eventuell so schnell nicht wiedersehen würde. Jorge Vallejos, der auf einen Franziskaner als neuen Papst gehofft hatte, muss sich erst einmal von dem Schreck erholen. Er meint, er vermisse seinen Onkel jetzt schon sehr.

„Ich konnte nicht Nein sagen."

Am Samstag nach seiner Wahl ruft Franziskus seine Schwester Maria Elena Bergoglio an; es ist nur ein kurzes Telefongespräch. Er bittet sie, Grüße an die ganze Familie auszurichten, es gehe ihm gut. Zu seiner Wahl meint er, die Dinge hätten sich so ergeben: „Ich konnte nicht Nein sagen." Bei einem zweiten Anruf, so berichtet die Schwester, haben sie ganz unbefangen miteinander geredet. Sie sei auch nicht auf die Idee gekommen, ihren Bruder Jorge mit Francesco anzureden. „Es war ein normales Gespräch, wie wir das immer hatten. Beispielsweise wollte er wissen, was ich koche!" Natürlich ist sie etwas traurig, ihren Bruder so schnell nicht wiederzusehen, aber „ich habe Millionen neue Brüder und Schwestern hinzugewonnen und ich versuche herauszubekommen, wie ich meinen Bruder mit all diesen neuen Familienmitgliedern teilen kann".

Improvisierte Verbindung

Der Mann „vom Ende der Welt" fackelt nicht lange, wenn er jemanden sprechen möchte. Schon direkt nach der Wahl beschließt er, Benedikt XVI. anzurufen, der die Geschehnisse von Castel Gandolfo aus im Fernsehen verfolgt. Das Problem: Um die Geheimhaltung beim Konklave zu gewährleisten, waren Störsender eingerichtet worden. Deswegen funktionieren die Telefone in der Nähe der Sixtina nicht; auch Handys haben keinen Empfang. Hier ist Improvisationstalent gefragt. Stefan von Kempis berichtet in seinem Papst-Buch, wie einer seiner Kollegen von Radio Vatikan für Abhilfe sorgt: In einem Zimmer, von wo aus die Live-Kommentare zu großen Papstmessen für den Sender eingesprochen werden, weiß dieser ein funktionstüchtiges Telefon. Der neue Papst ist einverstanden, und los geht es! Den Raum, den von Kempis als „Rumpelkammer" mit ausrangierten Beichtstühlen beschreibt, erreichen sie über einen Lastenaufzug und einen Seiteneingang. Doch obwohl das Telefon tatsächlich funktioniert, ist es gar nicht so leicht, Benedikt an den Apparat zu bekommen. Der sitzt mit seinen Mitarbeitern vorm Fernseher und hört das Klingeln zunächst nicht. Schließlich erreicht ihn Franziskus doch noch, und sie vereinbaren ein baldiges Treffen.

Gott kommt doch zum Ziel

Sechs deutsche Kardinäle nehmen am Konklave teil. Unter ihnen sind auch Karl Kardinal Lehman aus Mainz und der Kölner Kardinal Joachim Meisner. Beide sind überrascht und höchst zufrieden mit dem Ausgang der Wahl. Kardinal Lehmann, der in der Sixtinischen Kapelle zwei Plätze neben Kardinal Bergoglio gesessen hatte, war von der Ruhe beeindruckt, die der Argentinier während des ganzen Tages bewahrte.

Kardinal Meisner gibt zu, dass er wie die meisten anderen mit Bergoglio zunächst nicht gerechnet hatte und ihn auch kaum kannte. Er habe aber diejenigen gefragt, „die Bescheid wissen", und sei nun überzeugt: „Das ist der Richtige!" Nach seiner Meinung gefragt, wie wohl Benedikt XVI. auf den Ausgang der Wahl reagiert habe, vermutet er, dass dieser weniger überrascht gewesen sei. Schließlich sei Bergoglio schon beim Konklave 2005 ein sehr aussichtsreicher Kandidat gewesen: „Ich denke, er wird schmunzeln und sagen: Naja, der liebe Gott kommt doch zum Ziel. Wenn er ihn damals schon haben wollte, ist es nicht gleich gelungen, aber jetzt, acht Jahre später, ist es okay."

Die schwarzen Schuhe

Dass der Papst eigentlich rote Schuhe trägt, ist eine jahrhundertealte Tradition. Und so stechen die schwarzen, bereits etwas ausgetretenen Straßenschuhe von Papst Franziskus sofort ins Auge. Mit diesen „Tretern" war er bereits durch die Armenviertel von Buenos Aires gelaufen.

Das elegante Schuhwerk aus rotem Kalbsleder, das hingegen seine Vorgänger Benedikt XVI. und Johannes Paul II. getragen hatten, wurde vom Schuhmacher Adriano Stefanelli per Hand gefertigt. Stefanelli hat bereits Schuhe für den Ferrari-Chef, für führende Politiker und für Kardinäle gefertigt. Päpsten stellt er zwar nie eine Rechnung, doch ein „ganz normaler" Kunde müsste etwa 1200 Euro für ein Paar Schuhe berappen.

Papst Franziskus setzt mit seinen Straßenschuhen also ein unübersehbares Zeichen. Und erinnert auch da an Franz von Assisi, der Armut predigte und selbst möglichst einfache Kleidung und Sandalen trug. Inspiriert war er dabei von Jesu Worten bei der Aussendung der zwölf Jünger: „Nehmt keine Vorratstasche mit auf den Weg, kein zweites Hemd, keine Schuhe, keinen Wanderstab" (Mt 10,10).

„Möge Gott euch vergeben"

Papst Franziskus beweist immer wieder Humor. Als er nach seiner Wahl mit den Kardinälen zu Abend isst, dankt er zunächst den Kardinälen, sagt dann aber mit einem Augenzwinkern: „Möge Gott euch vergeben, was ihr getan habt!"

Zu dem Abendessen im Gästehaus Santa Marta, wo die Kardinäle während des Konklaves gewohnt hatten, war der frischgebackene Papst übrigens nicht, wie es ihm zugestanden hätte, mit einer Limousine gefahren, sondern zusammen mit den Kardinälen im Bus.

Gebet in aller Stille

Was macht ein Papst am ersten Tag im Amt? Natürlich gibt es jede Menge zu tun und vorzubereiten. Franziskus begibt sich am Morgen nach seiner Wahl jedoch zuerst einmal in die Basilika Santa Maria Maggiore, um dort allein in aller Frühe zu beten. Kurz nach 8 Uhr trifft er an der größten Marienkirche Roms ein und betritt sie durch einen Seiteneingang. Vor dem Marienbildnis „Salus Populi Romani" (Beschützerin des Römischen Volkes), das in der Basilika verehrt wird,

verharrt er im stillen Gebet, um das Bistum Rom der Fürsprache der Muttergottes anzuvertrauen.
Völlig überrascht ist eine Gruppe von Schülern, die sich zufällig in der Kirche aufhalten, hier den neuen Papst zu treffen. Wegen der unerwarteten Begegnung mit dem sympathischen Pontifex kommen sie zu spät zur Schule, was unter diesen Umständen sicher verzeihlich ist.
Auf dem Rückweg von der Basilika macht Franziskus noch rasch im Gästehaus halt, in dem er während des Konklaves gewohnt hatte, um selbst seine Sachen zu packen und seine Rechnung zu bezahlen – auch das eine ungewöhnliche Geste.

Guten Appetit

Zum ersten Angelus-Gebet von Papst Franziskus strömen etwa 150.000 Menschen auf den Petersplatz, um den neuen Papst zu hören. Er spricht über die Barmherzigkeit und hat – da er zumeist frei spricht – spontan eine Lektüreempfehlung. Er habe gerade ein Buch von Kardinal Kasper über die Barmherzigkeit gelesen, das ihm sehr gefallen habe, erzählt er. „Und jenes Buch hat mir sehr gut getan, doch glaubt jetzt nicht, dass ich Werbung für die Bücher meiner Kardinäle mache!", fügt er rasch hinzu. Die zentrale Botschaft des ersten Angelus besteht nicht aus komplizierten theologischen Überlegungen, sondern ist denkbar schlicht und ebenso einleuchtend: „Ein wenig Barmherzigkeit macht die Welt weniger kalt und viel gerechter." Eine kleine Überraschung gibt es zum Schluss. Während es bisher üblich war, dass der Papst am Ende des Angelus in sechs oder sieben Weltsprachen die Pilger aus verschiedenen Ländern begrüßt, so verabschiedet sich Franziskus mit einem schlichten „Buona domenica e buon pranzo!" („Schönen Sonntag und Guten Appetit").

Wappen-Korrektur

Nur wenige Tage nach Beginn des Pontifikats von Papst Franziskus wird sein Papstwappen geändert. Auf dem Wappen sind unter anderem ein Stern, eine Nardenblüte und das Symbol der Gesellschaft Jesu zu sehen. Mit einem Stern – nach christlicher Symbolik ein Bild für Maria, die als maris stella, als Meeresstern verehrt wird – kann man eigentlich kaum etwas falsch machen. Allerdings schienen die fünf Zacken bei näherer Betrachtung dann doch nicht ganz passend für ein Kirchenoberhaupt. Manch einer dachte da vielleicht an den fünfzackigen Stern, der häufig auf Flaggen sozialistischer Staaten abgebildet und vielen als „Sowjetstern" bekannt ist. Im Vatikan vermerkte man irritiert, dass der fünfzackige Stern in den vergangenen 250 Jahren vor allem von Freimaurern, Kommunisten und Anarchisten als Symbol benutzt wurde. Inzwischen prangt ein achtzackiger Stern auf dem Papstwappen, also die klassische Form des Mariensymbols. Die acht Zacken des Sterns, so teilt der Vatikan mit, sollen die Seligpreisungen darstellen. Außerdem wurde die Form der Blüte geändert, so dass nun keine Verwechslungsgefahr mit einer Weinrebe mehr besteht. Schließlich soll damit nicht etwa auf die Trinkfestigkeit des Pontifex hingedeutet werden, sondern die Narde steht für den hl. Josef.

„Liebe Brüder, los!"

Beim Treffen mit den Kardinälen am Morgen des 15. März schlägt Franziskus einen ungewohnten Ton an. Herzlich begrüßt er sie nicht als „Herren Kardinäle", sondern als „Brüder Kardinäle". Mit den Worten „Cari fratelli, forza!" (deutsch: „Liebe Brüder, los!") ruft er das Kardinalskollegium im Apostolischen Palast dazu auf, das Christentum mit vereinten Kräften zu verkünden. Über das Konklave und die Diskussionen davor sagt er: „Von großem Verantwortungssinn beseelt und von tiefer Liebe für Christus und die Kirche getragen, haben wir zusammen gebetet und brüderlich unsere Empfindungen, unsere Erfahrungen und Überlegungen untereinander ausgetauscht. In diesem Klima großer Herzlichkeit sind so die Kenntnis voneinander und die gegenseitige Offenheit gewachsen; und das ist gut, da wir Brüder sind."

Ein Papst zum Anfassen

Am Sonntag nach seiner Wahl, dem 17. März 2013, feiert Papst Franziskus seine erste öffentliche Messe in der Pfarrkirche St. Anna, die direkt am gleichnamigen Einganstor zum Vatikan liegt. Danach sind die Gottesdienstbesucher nicht wenig überrascht, als ihr Oberhirte durch den Mittelgang nach draußen eilt und am Ausgang jeden einzeln mit Handschlag verabschiedet, Kinder nach ihrem Namen fragt, einzelne Menschen küsst und ermutigt. Berührungsängste kennt dieser Papst offensichtlich nicht. Er wirkt wie ein einfacher Gemeindepfarrer und verhält sich ganz so, wie er es von Zuhause in Buenos Aires gewohnt ist. Dass er auf spezielle Prunkgewänder verzichtet, wundert an diesem Tag bereits keinen mehr. Die Menschen sind begeistert; die Sicherheitsleute nicht ganz so sehr: Sie ahnen, dass dieser Papst sie noch vor Herausforderungen stellen wird. „Dieser südamerikanische Papst, der alle Menschen umarmt, ist doch ein Kulturschock für uns Europäer", sagt schmunzelnd Thomas Frauenlob, ein Mitarbeiter der vatikanischen Bildungskongregation.

Nomen est omen

Bei seiner Ansprache während der ersten Audienz für die Medienvertreter am Samstag nach der Papstwahl erzählte Franziskus, wie er zu seinem Papstnamen gekommen war: „Manche wussten nicht, warum der Bischof von Rom sich Franziskus nennen wollte. Einige dachten an Franz Xaver, an Franz von Sales und auch an Franz von Assisi. Ich erzähle Ihnen eine Geschichte. Bei der Wahl saß neben mir der emeritierte Erzbischof von São Paolo und frühere Präfekt der Kongregation für den Klerus, Kardinal Claudio Hummes – ein großer Freund! Als die Sache sich etwas zuspitzte, hat er mich bestärkt. Und als die Stimmen zwei Drittel erreichten, erscholl der übliche Applaus, da der Papst gewählt war. Und er umarmte, küsste mich und sagte mir: ‚Vergiss die Armen nicht!' Und da setzte sich dieses Wort in mir fest: die Armen, die Armen. Dann sofort habe ich in Bezug auf die Armen an Franz von Assisi gedacht. Dann habe ich an die Kriege gedacht, während die Auszählung voranschritt bis zu allen Stimmen. Und Franziskus ist der Mann des Friedens. So ist mir der Name ins Herz gedrungen: Franz von Assisi. Er ist für mich der Mann der Armut, der Mann des Friedens, der Mann, der die Schöpfung liebt und bewahrt."

Pater Bernd Hagenkord, der Leiter der deutschsprachigen Redaktion von Radio Vatikan, bezeichnet die Namenswahl als „steile Nummer": „Allein, dass er der erste Papst seit Jahrhunderten ist, der sich einen neuen Namen nimmt, ist bezeichnend. Und dann wagt er sich auch noch an Franz von Assisi, den – ich sag das mal ganz vorsichtig – Super-Heiligen. Der Name ist Programm. Franz von Assisi steht für den Kampf gegen Armut, für Bescheidenheit, er war auch unbequem und nicht angepasst. Ein mutiger Name. Bravo! Hut ab!"

Hadrian oder Clemens?

Für Heiterkeit unter den Medienvertretern bei der Audienz sorgen weitere Anekdoten, die Franziskus über seine Namenswahl zum Besten gibt: „Einige haben dann verschiedene scherzhafte Bemerkungen gemacht. ‚Aber du müsstest dich Hadrian nennen, denn Hadrian VI. war der Reformer; es braucht Reformen ...' Ein anderer sagte mir: ‚Nein, nein, dein Name müsste Clemens sein.' ‚Aber warum?' ‚Clemens XV.: So rächst du dich an Clemens XIV., der den Jesuitenorden aufgehoben hat.' Es sind Scherze ..."

Stiller Segen

Ein weiteres Detail bei der Audienz für die Medienvertreter sorgt für Aufsehen. Bei dieser ersten Begegnung segnet Papst Franziskus die Medienvertreter nur still. Nachdem er den Journalisten für ihre Arbeit gedankt und ihnen alles Gute gewünscht hat, sagt er wörtlich: „Da viele von Ihnen nicht der katholischen Kirche angehören, andere nicht gläubig sind, erteile ich von Herzen diesen Segen in Stille jedem von Ihnen mit Respekt vor dem Gewissen jedes Einzelnen, aber im

Wissen, dass jeder von Ihnen ein Kind Gottes ist. Gott segne Sie."

Ein Herz für Tiere

Wie Franz von Assisi hat Papst Franziskus offensichtlich ein Herz für Tiere. Und er hat ein Händchen dafür, Menschen die Befangenheit in seiner Gegenwart zu nehmen. Als der italienische Journalist Alessandro Forlani bei einem Empfang das Kirchenoberhaupt trifft, bringt er vor lauter Aufregung kein Wort heraus. „Ich hatte mir vieles überlegt, was ich zu ihm sagen könnte", berichtet der blinde Journalist, „aber als ich dann vor ihm stand, fehlten mir die Worte." Franziskus will dem verwirrten Journalisten helfen, fragt ihn nach seinem Namen und seinem Beruf. Da fängt sich Forlani wieder und bittet Franziskus um einen Segen für seine Tochter und seine Frau. Sein Wunsch wird erfüllt, und am Ende segnet Franziskus auch noch den Blindenhund Asia, den Forlani bei sich hat. Asia nimmt den päpstlichen Segen gelassen hin, wird aber sofort zum begehrten Fotomodell.

Eine gewisse Spontaneität

Die Abläufe im Vatikan sind in der Regel sehr genau durchgeplant. Was hier geschieht, wird schließlich in aller Welt genau verfolgt und hat Auswirkungen auf die Weltkirche. So auch die Amtseinführung des neuen Papstes, zu der Delegationen aus 132 Ländern und Einrichtungen angereist sind. Allerdings muss man bei Franziskus zu jeder Gelegenheit mit Überraschungen rechnen. So wird der Beginn seiner Amtseinführung, die im Vorfeld generalstabsmäßig durchgeplant war, noch einmal nach vorn verschoben. Der Grund: Vor der Messe will Franziskus gern im Papamobil „eine lange Fahrt auf dem Petersplatz unternehmen", wie Vatikansprecher Federico Lombardi verlauten lässt. Für alle Fälle warnt er am Abend vor der Amtseinführung schon einmal vor: „Der Papst liebt eine gewisse Spontaneität."

Bleibt zuhause!

Für nicht wenige Südamerikaner ist die Wahl ihres Kardinals Bergoglio zum Papst Grund zu so überschwänglicher Freude, dass sie sogar nach Rom reisen wollen, um bei seiner Amtseinführung dabei zu sein. Das ist Franziskus allerdings gar nicht recht. Wie bereits 2002, als anlässlich seiner Amtseinführung bei der Kardinalsernennung in Rom in Argentinien Geld für reisewillige Gläubige gesammelt wurde, so ruft er auch diesmal seine Landsleute auf, das Geld doch lieber für wohltätige Zwecke zu verwenden und auf die weite Reise nach Rom zu verzichten.

Eine Nummer kleiner, bitte!

Als Papst Franziskus die päpstliche Wohnung im Apostolischen Palast in Augenschein nimmt, erscheint sie ihm sofort „viel zu groß", wie er einem befreundeten argentinischen Priester in einem Brief mitteilt. „Hier haben ja 300 Menschen Platz", ruft er laut der italienischen Zeitung „La Stampa" spontan aus – und beschließt kurzerhand, im vatikanischen Gästehaus Santa Marta zu leben. Dort bewohnt er nun im zweiten Stock die Suite 201.

Das Domus Santa Marta beherbergt wechselnde Gäste: Bischöfe, Priester und Laien. „Dort sehen mich die Leute und ich führe ein ganz normales Leben", schreibt Franziskus an den Freund in Argentinien. Tatsächlich isst er gemeinsam mit allen anderen im allgemeinen Speisesaal, benutzt zum Leidwesen der Security-Mitarbeiter wie alle den Fahrstuhl, feiert morgens in der Hauskapelle des Gästehauses die öffentliche Messe ... „Wenn ich mich in meinem Alter verändern würde, wäre ich lächerlich", meint der Papst.

Mit dieser Haltung sorgt er allerdings auch für Irritation. Vatikansprecher Federico Lombardi hofft wohl, dass es sich der Pontifex noch einmal anders überlegt. Er lässt verlauten, der Papst befinde sich „in einer Phase der Eingewöhnung und des Experimentierens". Ob nun aus der Orientierungsphase eine langfristige Lösung wird oder nicht – solange sie anhält, freut sich Franziskus, dass er mit den anderen Gästen des Hauses ungezwungen reden und sich austauschen kann. „Jesus hat kein Zuhause, denn sein Zuhause sind die Menschen", sagt er passend bei einer Generalaudienz.

Heiliger Sohn

Wo immer er kann, versucht Franziskus zu verhindern, dass viel Aufhebens von seiner Person gemacht wird oder dass Menschen, die ihm begegnen, einen zu ehrfürchtigen Ton anschlagen. Als Bekannte von früher in den ersten Tagen nach seiner Wahl bei Telefonaten besorgt fragen, wie sie ihn denn zukünftig anreden sollen, antwortet er meist, er sei für sie weiter Pater Bergoglio oder Pater Jorge. Schon als Kardinal bevorzugte er die schlichte Anrede „Monsignore" statt des pompösen Kardinalstitels „Eminenz". Als nun im Speisesaal des vatikanischen Gästehauses der philippinische Kardinal Luis Tagle zu Papst Franziskus an den Tisch tritt und fragt: „Heiliger Vater, darf ich mich zu Ihnen setzen?", da sitzt dem „Heiligen Vater" wohl der Schalk im Nacken. Er antwortet: „Aber bitte doch, Heiliger Sohn." Luis Tagle, der mit 55 Jahren der zweitjüngste Teilnehmer am Konklave war, wirkt tatsächlich noch deutlich jünger, so dass er und Bergoglio vor dem Konklave darüber gescherzt hatten, dass man ihn für einen Seminaristen halten könne. Tagle gehört zu denen, die Bergoglio ihre Stimme gegeben haben. Er ist begeistert: „Franziskus hat das Herz eines Hirten."

Ein Stuhl zum Ausruhen

Die Schweizergarde ist als kleinste Armee der Welt bekannt. Ihre Aufgabe ist im Grunde ganz klar: den Papst beschützen. Einfach ist sie deswegen nicht. Besonders wenn der Papst eine eingespielte Routine nach der anderen über Bord wirft. Die Schweizergardisten bewachen sämtliche Eingänge zum Vatikan und insbesondere zum Apostolischen Palast, wo bis vor wenigen Monaten noch der Papst wohnte. Inzwischen gilt ihr besonderes Augenmerk natürlich auch dem Gästehaus, in dem Franziskus wohnt.

Glücklicherweise stoßen die jungen Schweizer bei Franziskus auf viel Verständnis für die Schwierigkeiten, die er ihnen bereitet: Einem Schweizergardisten, der vor seiner Tür im Gästehaus Wache steht, bringt er beispielsweise einen Stuhl zum Ausruhen. Anderen Gardisten, so heißt es, habe er Kaffee und belegte Brote gebracht. Der Kommandant der Schweizergarde bestätigt diese Geschichten, die da kursieren, nicht. Möglicherweise sind sie ihm ein wenig unangenehm. Schließlich soll die Schweizergarde ihren Dienst möglichst diskret und unauffällig tun.

Messe mit Gärtnern und Müllabfuhr

Wenn Franziskus die morgendliche Messe in der etwas kargen Hauskapelle des Gästehauses Santa Marta zelebriert, dann konzelebrieren mit ihm die Prälaten und Priester, die jeweils gerade anwesend sind. Nach der Papstwahl waren auch Arbeiter aus den Vatikanischen Gärten und Mitarbeiter von der Müllabfuhr des Petersplatzes eingeladen, am Gottesdienst teilzunehmen.

Einer, der es selbst miterlebt hat, ist P. Bernd Hagenkord. Die Messe, so berichtet er, „ist ganz schlicht gehalten, und der Papst predigt immer frei." Beeindruckend findet er die Einfachheit und Direktheit des Papstes, und „dass das für ihn eine Messfeier ist und kein Auftritt". Nach und nach begegnet so Franziskus immer mehr den etwa 4000 Mitarbeitern des Vatikans persönlich. Ein „Gemeinschaftsgeist" wird da geschaffen, sagt Pater Hagenkord. „Und es ist auch wunderbar, dass das um den Altar herum geschieht und nicht in einer Audienz! Das ist, glaube ich, tatsächlich eine Erfindung von Papst Franziskus, das so zu machen. Ich persönlich finde das wunderschön und fühle mich ein wenig auch in meiner Arbeit hier bei Radio Vatikan bestärkt."

Unangemeldeter Besuch

Franziskus bevorzugt den persönlichen und direkten Kontakt. Gern greift er selbst zum Telefonhörer, wenn er etwas klären will. Da ist der ein oder andere Gesprächspartner erst einmal überrumpelt, wenn sich am anderen Ende der Leitung plötzlich der Papst meldet.

So ergeht es etwa dem Pförtner der Ordenszentrale der Jesuiten, dem es völlig die Sprache verschlägt, als Papst Franziskus persönlich anruft, weil er den Generaloberen der Jesuiten, Pater Adolfo Nicolás, sprechen will. Um den Pförtner zu beruhigen, fragt Franziskus, ob es ihm an diesem Morgen gut gehe. Als der Pförtner daraufhin zugibt, dass ihn die Situation etwas aus der Fassung gebracht habe, meint Franziskus, das könne er gut verstehen, und wartet geduldig, bis sich sein Gesprächspartner wieder beruhigt hat.

Ähnlich überrascht ist der Kioskbesitzer Luis Del Regno in Buenos Aires, den Franziskus kurz nach seiner Wahl anruft, um sein Zeitungsabonnement abzubestellen. Der Sohn der Familie, der den Hörer abnimmt, glaubt zuerst, jemand wolle sich mit ihm einen Scherz erlauben, als er mit den Worten begrüßt wird: „Hallo, hier ist Kardinal Jorge."

Im Vatikan, wo die Wege sehr kurz sind, wird es wohl nicht immer bei Telefonaten bleiben. Thomas

Frauenlob von der vatikanischen Bildungskongregation meint dazu mit einem Augenzwinkern, alle Kurienmitarbeiter sollten jetzt ihre Büros in Ordnung bringen, „denn jederzeit kann der Papst an die Tür klopfen. Davor ist keiner mehr gefeit."

Treffen in Schwarz-Weiß

Dass sich der frühere Erzbischof von Buenos Aires und die argentinische Präsidentin nicht eben grün sind, ist allgemein bekannt. Zu oft hatte Bergoglio Christina Kirchners Politik kritisiert. Die Präsidentin, der Machtmissbrauch vorgeworfen wird und die gerade eine Verfassungsänderung anstrebt, welche ihr eine dritte Amtszeit ermöglichen soll, hatte gar vor dem Konklave unter den Kardinälen Stimmung gegen Bergoglio gemacht. Ihr obligatorisches Glückwunschschreiben zur Papstwahl war eher höflich-distanziert ausgefallen.

Überrascht sind daher nicht wenige, als feststeht, welchen Staatschef Franziskus als erstes zu einer Privataudienz empfangen würde: Christina Kirchner. Das Treffen mit Gespräch und gemeinsamem Mittagessen kommt auf Initiative von Franziskus zustande. Es ist als „Geste der Höflichkeit und Zuneigung" für das ganze argentinische Volk gemeint, wie Vatikansprecher Lombardi mitteilt. Christina Kirchner trägt Trauer. Nicht etwa, weil sie sich so sehr über das Ergebnis der Papstwahl grämt, sondern weil sie seit dem Tod ihres Mannes 2010 ausschließlich Schwarz trägt. Damit bildet sie den denkbar größten optischen Kontrast zu Franziskus, der in weißer Soutane erscheint. Als Gastgeschenk bringt sie Mate-Tee mit, eine Art Nationalgetränk in ganz Südamerika, das Franziskus sehr mag. Sie bekommt von ihm ein Küsschen. Möglicherweise sind es kleine Zeichen für einen Neuanfang.

„Grüß Gott"

Wie viel Deutsch spricht der Papst? Immerhin war er 1985/1986 für einige Monate in Deutschland zu einem Studienaufenthalt, weil er über Romano Guardini promovieren wollte. Die ersten Worte, die Franziskus als Papst auf Deutsch sagt, sind ein Zitat aus einem Gedicht von Friedrich Hölderlin: „Es ist ruhig, das Alter, und fromm." Er zitiert diese Worte zwei Tage nach der Wahl bei einer Audienz für die Kardinäle, die, wie er bemerkt, zum großen Teil „im fortgeschrittenen Alter" sind. Mit Hölderlin will er ihnen sagen: Jetzt ist die Zeit,

Lebenserfahrung und Weisheit an die jüngere Generation weiterzugeben. Mit einem fröhlichen und fast akzentfreien „Grüß Gott" begrüßt er auch den Bild-Reporter Albert Link, einen der für Audienzen zugelassenen Vatikan-Korrespondenten.

Gipfeltreffen der Päpste

„Treffen sich zwei Päpste." – Dieser beliebte Kurzwitz, der mit nur vier Worten auskommt, hat seit dem 23. März 2013 seine Pointe verloren. Inzwischen ist es nämlich tatsächlich möglich, dass ein Papst seinen Vorgänger trifft. Benedikt XVI. ist offiziell „papa emeritus", emeritierter Papst.

In Castel Gandolfo, wohin er sich nach seinem Rücktritt zunächst zurückgezogen hatte, empfängt er an diesem denkwürdigen Tag seinen Nachfolger. Benedikt XVI. erwartet Franziskus am Hubschrauberlandeplatz. Das private Treffen beginnt mit einer herzlichen Umarmung. Danach reden die beiden in Weiß gekleideten Päpste eine Dreiviertel Stunde in der Bibliothek unter vier Augen, essen zusammen Mittag und gehen in die Kapelle zum gemeinsamen Gebet.

Auch wenn sich manch einer zuvor über Protokollfragen den Kopf zerbrochen hat, verläuft die historische Begegnung völlig entspannt und freundlich. Mit entwaffnender Herzlichkeit sagt Franziskus: „Wir sind Brüder." Kurz darauf unterstreicht er diesen Satz mit einer bemerkenswerten Geste: In der Kapelle der Papstresidenz war für Franziskus die päpstliche Kniebank vor dem Altar aufgebaut. Er ignoriert sie kurzerhand, geht an ihr vorbei und kniet sich neben Benedikt XVI. in eine Bank im Kirchenschiff.

II. Frischer Wind im Vatikan

„Er gefällt mir sehr. Ich bin nicht katholisch, aber ich finde es schön und mutig, dass er einen Namen ausgewählt hat, der Bescheidenheit ausdrückt."

Patti Smith, Punk- und Rockmusikerin

„Franziskus hat tatsächlich das Talent, die menschlichen Dimensionen seines Amtes klarzumachen: das Dienende, nicht das Prunkvolle und Imposante. Er besitzt die persönliche Stärke, für eine menschliche Atmosphäre zu sorgen."

Nikolaus Schneider, Vorsitzender des Rates der Evangelischen Kirche in Deutschland

„Franziskus ist ein wahrhaftiges Geschenk Gottes an seine geplagte und geknickte Kirche."

Andrea Bocelli, Sänger

„Ich denke, wir werden mit Papst Franziskus noch gute und schöne Überraschungen erleben."

Kardinal Christoph Schönborn

Ein Premieren-Papst

Dass mit Papst Franziskus ein frischer Wind im Vatikan weht, deutet sich in gleich mehreren „Premieren" an: Es ist das erste Mal in der 2000-jährigen Geschichte des Papsttums, dass der Pontifex aus Lateinamerika kommt. Franziskus ist der erste Jesuit auf dem Stuhl Petri und der erste, der sich nach dem heiligen Franz von Assisi benennt. Gleich in den ersten Tagen seines Pontifikats setzt er Zeichen, die zeigen: Hier meint es einer ernst mit der „geistlichen Erneuerung" der Kirche. Es sind die unkonventionellen Gesten, mit denen er charmant, aber selbstbewusst das Protokoll durchbricht: die schwarzen Schuhe etwa oder seine Weigerung, im Apostolischen Palast zu wohnen, wo traditionell der Papst residiert.

Ohne Manuskript

Auf der Internetseite des Heiligen Stuhls www.vatican.va sind eigentlich alle Texte des Papstes zu finden: Predigten, Ansprachen, Enzykliken, Generalaudienzen ... Bei Benedikt XVI., der kaum einmal von seinem Manuskript abwich und selbst beim freien Sprechen druckreif redete, konnte dieser Service problemlos bereitgestellt werden. Bei Franziskus gestaltet sich das schwieriger. Oft weicht er großzügig vom vorbereiteten Text ab oder hält seine Predigten völlig frei, so zum Beispiel bei den Morgengottesdiensten in der Kapelle des Gästehauses.

Immer wieder landen Anfragen aus aller Welt bei den Mitarbeitern im Vatikan, wieso denn die morgendlichen Predigten des Papstes nicht im Wortlaut veröffentlicht werden. Die Presse vermutet gar Widerstände innerhalb der Kurie: „Es sind kurze, aber eindringliche Predigten. In volkstümlicher Sprache. Alle aus dem Stehgreif. ... Das vatikanische Betriebssystem unterstützt dieses neue Format päpstlich-lehramtlicher Äußerungen bis jetzt nicht", schreibt etwa die Stuttgarter Zeitung.

Vatikansprecher Lombardi begründet die fehlende Veröffentlichung damit, dass die Predigten dafür in Schriftform gebracht werden müssten, wobei die Originalität verloren ginge. An böse Absicht glaubt P. Bernd Hagenkord (Radio Vatikan) aber nicht. Die Predigten seien sehr auf den Moment und das jeweilige Publikum zugeschnitten, keine Gedanken für die „Ewigkeit". Dennoch: Manche Zitate, die nach außen dringen, klingen so spannend, dass man gern einmal dabei sein würde ...

Ärger um Frauen-Fußwaschung

Sie gehört zu den großen Zeremonien in der Liturgie der Karwoche: die Fußwaschung am Gründonnerstag, bei der der Papst zwölf Gläubigen die Füße wäscht – in Erinnerung an Jesus, der seinen Jüngern die Füße wusch. Traditionell sind dies zwölf Priester, und die Fußwaschung findet in der Lateranbasilika statt. Diesmal jedoch ist einiges anders. Wie er es bereits in Buenos Aires praktiziert hat, begibt sich Franziskus zur rituellen Fußwaschung an die Ränder der Gesellschaft. Im Jugendgefängnis Casa del Marmo feiert er mit den Häftlingen die Messe und wäscht ihnen die Füße. Darunter sind auch junge Frauen und Muslime – ein Umstand, der sofort konservative Kritiker auf den Plan ruft. „Er setzt ein fragwürdiges Beispiel", meint Edward Peters, ein Berater des Vatikans in Sachen Kirchenrecht. Ein konservativer britischer Kommentator sieht darin gar Anlass für die Befürchtung, Franziskus könne demnächst auch Frauen in den Priesterstand erheben. Vatikansprecher Lombardi verteidigt Franziskus gegen die Kritik: Die Fußwaschung sei kein Sakrament, sondern ein Ritus, für den keine starren Gesetze gelten. Die Predigt für die etwa 50 Häftlinge hält Franziskus spontan und ermutigt die Jugendlichen zum Abschied: „Lasst euch die Hoffnung nicht rauben, kapiert? Mit Hoffnung geht es immer weiter."

Deutliche Botschaften

Zur ersten Osterbotschaft von Papst Franziskus strömen hunderttausende Menschen auf den Petersplatz. Anders als seine Vorgänger verzichtet Franziskus darauf, seine Ostergrüße in über 60 Sprachen vorzutragen, und beschränkt sich auf das italienische „Buona Pasqua", „Frohe Ostern". Seine Botschaft ist allerdings deutlich zu vernehmen. In ihrer Osterbotschaft rufen Päpste traditionell zu mehr Frieden und Versöhnung in der Welt auf. Selten wird dieser Aufruf aber so konkret wie bei Franziskus. Er spricht den Konflikt zwischen Israelis und Palästinensern an, „der schon viel zu lange andauert", und bittet für Frieden in Krisenherden wie dem Irak, Syrien, Mali und Korea.

Auch auf gesellschaftliche Missstände wie Profitgier, Gewalt, Drogenhandel und Umweltzerstörung geht Franziskus ein und fordert die Menschen auf, zu Hütern der Schöpfung zu werden. Das sind verständliche Worte und konkrete Botschaften. „Papst Franziskus kommt in seiner Predigt immer schnell auf den Punkt", stellt der Chefredakteur der Jesuitenzeitung „Civilta Cattolica", Pater Antonio Spadaro, fest.

Ein Herz für Ökumene

Der erste deutsche Gast, den Papst Franziskus empfängt, ist nicht etwa Kardinal oder katholischer Bischof, sondern der EKD-Ratsvorsitzende Nikolaus Schneider. Am 8. April treffen sie sich zu einem etwa halbstündigen Gespräch. Der Termin war ursprünglich mit Benedikt XVI. vereinbart worden, doch Franziskus hatte ihn übernommen. „Das Schönste am Besuch bei dem neuen Papst war für mich seine Emotionalität", resümiert Schneider später. „Man merkte, da sucht einer die Nähe zum anderen Menschen. Dass er mich auf Deutsch begrüßte, hat mich sehr bewegt."
Franziskus berichtet, er habe während seines Studiums auch die Schriften des evangelischen Theologen Dietrich Bonhoeffer gelesen, der ihn für sein eigenes Gebet und seinen Glauben inspiriert habe. Nikolaus Schneider empfindet seinen Gastgeber als „sehr entgegenkommend" und blickt zuversichtlich auf die Zukunft der Ökumene. Auch Kardinal Kurt Koch, der als Übersetzer an dem Treffen teilnimmt und im Vatikan für die Ökumene zuständig ist, ist nach der Begegnung überzeugt, es werde unter Papst Franziskus „konkrete Schritte in der Ökumene" geben.

Frischer Konzilswind

Seit Franziskus Papst ist, fegt der Geist des Aufbruchs wie ein frischer Wind durch die Kirche. Seine Dynamik ist ansteckend. Wenige Monate zuvor hatte man ein besonderes Jubiläum gefeiert: Vor fünfzig Jahren war das Zweite Vatikanische Konzil eröffnet worden. Auch damals, so berichten Anekdoten, habe Johannes XXIII. die Fenster aufgestoßen und „frischen Wind" gefordert. Nun äußert Franziskus Kritik an der Umsetzung des II. Vatikanums.

Bei einer Morgenmesse im vatikanischen Gästehaus findet er deutliche Worte: „Um es klar zu sagen: Der Heilige Geist ist für uns eine Belästigung. Er bewegt uns, er lässt uns unterwegs sein, er drängt die Kirche, weiterzugehen. Aber wir sind wie Petrus bei der Verklärung ... Wir wollen, dass der Heilige Geist sich beruhigt, wir wollen ihn zähmen. Aber das geht nicht. Denn er ist Gott und ist wie der Wind, der weht, wo er will. Er ist die Kraft Gottes, der uns Trost gibt und auch die Kraft, vorwärtszugehen. Es ist dieses ‚Vorwärtsgehen', das für uns so anstrengend ist. Die Bequemlichkeit gefällt uns viel besser."

Mit Blick auf das Konzils-Jubiläum sagt er: „Wir feiern dieses Jubiläum, und es scheint, dass wir dem Konzil ein Denkmal bauen, aber eines, das nicht unbequem ist, das uns nicht stört. Wir wollen uns nicht verändern, und es gibt sogar auch Stimmen, die gar nicht vorwärts wollen, sondern zurück." Auch bei einem Treffen mit lateinamerikanischen Ordensleuten klagt er über Traditionalisten, denen er begegnet war: „Man fühlt sich wie 60 Jahre zurückversetzt, vor das Konzil!"

Vorbild: Johannes XXIII.

Dass sich manch einer durch Franziskus' Auftreten und Ausstrahlung an Johannes XXIII. erinnert fühlt, kommt nicht ganz von ungefähr. Der Konzilspapst scheint tatsächlich ein Vorbild für Bergoglio zu sein. „Als Patriarch von Venedig ging er um elf Uhr herunter auf den Marktplatz, um dort ein Gläschen Wein zu trinken und ein paar Minuten mit den Leuten zu reden", sagt Bergoglio in einem Interview. „Er tat das genauso wie alle anderen Venezianer, und danach fuhr er in seiner Arbeit fort. Das ist für mich ein Hirte: jemand, der rausgeht, um die Leute zu treffen." Die Bescheidenheit und Volksnähe einerseits, der Mut und die Tatkraft für Veränderungen andererseits – dafür steht Franziskus in ähnlicher Weise wie Johannes XXIII.

Ohne Extrazahlung!

Regelungen, die sich in einer Organisation eingebürgert haben, werden von Betroffenen meist nicht mehr hinterfragt. „Das machen wir schon immer so", heißt es dann. Wer von außen neu hinzukommt, kann solche ungeschriebenen Gesetze erst einmal als Hilfe übernehmen. Oder sie kurzerhand abschaffen. Das erfordert einige Beherztheit, eine Eigenschaft, die Franziskus neben Tatkraft offensichtlich besitzt. Warum zum Beispiel sämtliche Vatikanangestellten nach der Wahl eines neuen Papstes eine Sonderzahlung erhalten sollen, ist für Uneingeweihte erst einmal nicht nachvollziehbar. 2005 hatten sich diese Sonderzahlungen auf eine Summe von ca. 6 Millionen Euro belaufen (1500 Euro für jeden der etwa 4000 Angestellten). Und auch für die monatlichen Boni von 2100 Euro, die die Mitglieder der leitenden Kardinalskommission der Vatikanbank erhalten, gibt es keine einleuchtenden Gründe. Im April schaffte Franziskus beide Regelungen ohne viel Aufhebens ab. Seither verdienen alle Kardinäle einheitlich 5000 Euro monatlich.

Der Papst und die Bundeskanzlerin

Als Papst Franziskus am Samstag vor Pfingsten Angela Merkel zu einer Privataudienz empfängt, ist das ein Bruch mit den ungeschriebenen Gesetzen des Vatikans. Oder einfach eine nette Geste. Immerhin ist im September 2013 Bundestagswahl, und es ist unüblich, dass der Papst Politiker in den sechs Monaten vor einer Wahl empfängt. Für Angela Merkel macht Franziskus also eine Ausnahme. In dem 45-minütigen Treffen sprechen sie über Glaubensfragen, die Globalisierung und die Rolle Europas in der Welt, gerade mit Blick auf die Finanzkrise.

Sicher gefreut haben wird sich Franziskus über die Gastgeschenke aus Deutschland, die Angela Merkel mit dem Hinweis überreicht, sie sei sich nicht sicher, ob er dafür genug Zeit fände. Es sind die Werke seines Lieblingsdichters Friedrich Hölderlin in einer sehr schönen antiquarischen Ausgabe von 1905 und die Gesamtaufnahmen – immerhin 107 CDs – des Dirigenten Wilhelm Furtwängler. Schon als Erzbischof hatte Bergoglio in einem Interview eine Furtwängler-Aufnahme als seine Lieblingsmusik genannt. Er halte ihn für den „besten Dirigenten einiger Symphonien [Beethovens] und einiger Werke von Wagner".

Keine Langeweile!

So mancher offizielle Anlass kann – selbst wenn es gut gemeint ist – durch eine längere Rede höchst langweilig werden. Besonders wenn die Zuhörer Kinder sind. Dessen ist sich Papst Franziskus wohl bewusst, und als er Anfang Juni 2013 8000 Schülerinnen und Schülern von Jesuitenschulen zu sich einlädt, können diese feststellen: Ein Langweiler ist Franziskus auf jeden Fall nicht. „Ich habe hier einen Text vorbereitet, aber das sind fünf Seiten. Etwas langweilig", beginnt der Papst seine Ansprache und legt die vorbereitete Rede über die Spiritualität der Jesuiten kurz entschlossen zur Seite. Er werde sie dem Jesuitenprovinzial mitgeben, so dass sie die Schüler dann lesen könnten. Dann fordert er die Kinder auf, ihm einfach Fragen zu stellen.

Was folgt, ist eine wunderbar spontane Veranstaltung. Weder die Fragen noch die Antworten sind vorbereitet, und die Kinder fragen einfach, was ihnen gerade einfällt: ob er Papst habe werden wollen (nein, wollte er nicht) und ob er noch Kontakt zu alten Freunden habe (oh ja, ohne Freunde zu leben, sei einfach unmöglich!). Die Stimmung in der Audienzhalle hätte besser nicht sein können.

Neue Berater

Schon vom ersten Tag an setzt Franziskus Zeichen, die zeigen: Er möchte einen neuen Kurs im Vatikan einschlagen. Sind es zunächst vor allem äußerliche Gesten – etwa seine Kleidung oder Wohnung betreffend –, so folgen bald auch Taten, die tiefe Konsequenzen haben werden. Mitte April, etwa einen Monat nach seiner Amtseinführung, richtet Franziskus eine Kommission zur Kurienreform ein. Es sind acht Kardinäle, die Vorschläge für eine solche Reform erarbeiten und den Papst bei der Leitung der Weltkirche beraten sollen. Aufhorchen lässt dabei die Zusammensetzung der Kommission: Die Kardinäle stammen von allen Kontinenten der Erde; unter ihnen ist nur ein Italiener. Als „Stimme aus Europa" hat Franziskus außerdem Erzbischof Reinhard Marx ins Boot geholt. Der Papst bereitet so Veränderungen in den Strukturen der Kirche vor. Es scheint, dass dabei die Ortskirchen gegenüber der römischen Kurie mehr Gewicht erhalten werden. Die Idee zu dieser Beratergruppe war schon bei den Gesprächen vor dem Konklave entstanden. Erstmals trifft sich die Gruppe aber erst Anfang Oktober. Es sind keine überstürzten Reformen, die Franziskus da plant, sondern ein umfassendes Projekt, für das die Kirche einen langen Atem braucht.

Das Dienstfahrrad

Das traditionelle Fahrzeug des Papstes ist unter dem Namen „Papamobil" bekannt. Ein offizielles Dienstfahrrad hatten Päpste bisher jedoch nicht. Da ist Franziskus Vorreiter bzw. Vorradler, denn seit Anfang Juli besitzt er ein solches. Nur ein passender Name ist noch nicht gefunden. Die Presse behilft sich mit Bezeichnungen wie Papa-Bike oder Papavelo und spekuliert auch gleich, ob Franziskus den Drahtesel tatsächlich benutzen wird. Sicherlich, meinen die einen, schließlich sei er auch als Kardinal mit dem Fahrrad unterwegs gewesen. Der Fahrrad-Club ADFC bemängelt jedoch: „Da es sich nicht um einen Tiefeinsteiger handelt, gestaltet sich das Radfahren für den Pontifex zumindest in der Soutane schwierig." Sprich: Die Fahrradstange ist zu hoch, um mit einer Soutane bequem aufsteigen zu können.

Das moderne Elektro-Fahrrad ist ein Mitbringsel von Daimler-Chef Dieter Zetsche. Der traditionelle Hersteller der Papst-Fahrzeuge überreicht Franziskus bei einer Privataudienz den Schlüssel für das neue Papamobil, das erstmals bei der Brasilienreise zum Einsatz kommen soll. Das E-Bike, hergestellt in den Mitteldeutschen Fahrradwerken (Mifa) in Sangerhausen in Sachsen-Anhalt, gibt es als Geschenk dazu. Falls sich Franziskus also entschließt, besonders umweltbewusst unterwegs zu sein, kann man ihm nur noch „Gute Fahrt" wünschen!

Heilige Väter

Fast scheint es, als seien die „Santo subito"-Rufe nach dem Tod von Johannes Paul II. erhört worden. Anfang Juli 2013 kündigt der Vatikan die baldige Heiligsprechung zweier früherer Päpste an: Johannes Paul II. und Johannes XXIII. Im Fall von Karol Wojtyła sind dann zwar über acht Jahre seit seinem Tod vergangen, für die Katholische Kirche ist das allerdings eine Heiligsprechung in Rekordzeit. Als für die Heiligsprechung nötiges Wunder könnte die Heilung einer Frau aus Costa Rica von einer Gehirnverletzung gelten. Sie hatte den verstorbenen Papst um Hilfe angerufen und war am 1. Mai 2011 – dem Tag der Seligsprechung von Johannes Paul II. – geheilt worden.

Im Fall von Johannes XXIII. wäre es eine Heiligsprechung ohne Wunder, was zunächst für Verwirrung sorgt. Fest steht: Franziskus hat die Dekrete für die Heiligsprechung beider Päpste unterzeichnet. Der Tugendgrad von Johannes XXIII. sei aber „allgemein bekannt", begründet Vatikansprecher Federico Lombardi den ungewöhnlichen Schritt.

Enzyklika vierhändig

Im vierhändigen Klavierspiel hat Benedikt XVI., der auch als Papst gern ein paar Mußestunden am Piano verbrachte, Übung. Wie man vierhändig eine Enzyklika verfasst, das haben er und Franziskus im Juli 2013 vorgemacht. „Lumen Fidei" (Licht des Glaubens) heißt das Werk, das – ein Novum in der Kirchengeschichte – von gleich zwei Päpsten verfasst wurde. Benedikt XVI. hatte das Lehrschreiben im Sommer 2012 begonnen, aber während seiner Amtszeit nicht mehr fertigstellen können. Franziskus gibt zu, dass der Großteil des Textes von seinem Vorgänger stammt, der die erste Fassung der Enzyklika „schon nahezu fertiggestellt" hatte. „Zutiefst dankbar" ist Franziskus dafür und meint: „In der Brüderlichkeit in Christus übernehme ich seine wertvolle Arbeit und ergänze den Text durch einige weitere Beiträge."

Welche Teile von welchem Autor stammen, ist an einigen Stellen gut zu erkennen. Viele Formulierungen und Gedanken rufen den großen Theologen Benedikt XVI. in Erinnerung, und auch die wiederkehrenden Themen seines Pontifikats wie etwa das Verhältnis von Glaube und Vernunft tauchen hier auf. Da wo es um die Gemeinschaft stiftende Kraft des Glaubens und um soziale Gerechtigkeit geht, scheint eher Franziskus die Finger im Spiel gehabt zu haben.

Als „Regierungsprogramm" von Franziskus, so die Meinung von Vatikankennern, ist das Werk aber nicht zu werten. P. Bernd Hagenkord, der Leiter der deutschsprachigen Redaktion von Radio Vatikan, gibt zu bedenken, dass geschriebene Texte nicht die Ausdrucksform sind, in der sich Franziskus am meisten zu Hause fühlt, sondern dass er selbst eine Art lebende Enzyklika ist: „Man darf diese Enzyklika nicht hypen. Franziskus ist eine Enzyklika auf zwei Beinen."

Unter dem Flügel des Erzengels

Während am Vormittag des 5. Juli 2013 der Präfekt der Bischofskongregation, Kardinal Marc Quellet, der Präfekt der Glaubenskongregation, Erzbischof Gerhard Ludwig Müller, und Vatikan-Sprecher Federico Lombardi in einer Pressekonferenz die gemeinsame Enzyklika des amtierenden und des emeritierten Papstes vorstellen – und mit dieser Nachricht nicht wenig Staunen auslösen –, sitzen die beiden päpstlichen Autoren brüderlich vereint bei strahlendem Sonnenschein in den vatikanischen Gärten. Der Anlass: Die Einweihung eines neuen Denkmals.

Beinahe absurd muten nun die Spekulationen vor

dem Konklave an, ob die Anwesenheit des früheren Papstes den „Neuen" in irgendeiner Weise behindern oder ihm unangenehm sein könnte. Sogar Benedikt selbst hatte sich beeilt zu erklären, dass er die Zeit seines Ruhestandes in völliger Zurückgezogenheit verbringen wolle. Franziskus stört sich jedoch in keiner Weise an der Anwesenheit seines Vorgängers, vielmehr scheint er sogar froh darüber zu sein. Er hatte Benedikt persönlich zur Einweihung des Denkmals eingeladen und begrüßt ihn zu Beginn besonders herzlich mit einer langen Umarmung. Während der Zeremonie sitzen sie Seite an Seite nebeneinander.

Die große Bronzestatue zeigt den Erzengel Michael; ihm und dem hl. Josef wird der gesamte Vatikanstaat geweiht. Fast wie ein Schutzengel wirkt der Erzengel mit seinen mächtigen Flügeln. Er ist, wie Franziskus sagt, ein Kämpfer für die Gerechtigkeit Gottes, der uns mit seinen Flügeln über Schwierigkeiten hinwegheben soll.

Verlockungen der Technik

Klare Worte findet Franziskus bei einem Treffen mit 6000 Seminaristen, Novizinnen und Novizen. Er wünscht sich eine missionarischere Kirche und ermutigt seine Zuhörer mit den Worten: „Bleibt authentisch, mutig und konsequent!" Und er ermahnt sie, weniger Wert auf den Besitz des neuesten Smartphones oder Autos zu legen. „Ich sage euch ehrlich, es tut mir weh, wenn ich einen Priester oder eine Ordensfrau im neusten Automodell sehe. Das geht so nicht! Ich glaube, dass das Auto notwendig ist, weil man viel arbeitet und von da nach dort kommen muss. Aber nehmt ein bescheideneres, ja!? Und wenn euch dieses tolle Modell gefällt, denkt an die vielen Kinder, die an Hunger sterben. Nur das!"
Für vier Tage sind die jungen Ordensleute im Rahmen des „Jahres des Glaubens" in Rom zu Besuch. Bei der gemeinsamen heiligen Messe erinnert der Papst die jungen Menschen: „Jesus sendet die Seinen ohne ‚Geldbeutel, ohne Vorratstasche und ohne Schuhe' aus (vgl. Lk 10,4). ... Das ist es, worauf es ankommt: von der Liebe Christi durchdrungen zu sein." Seine Worte stoßen nicht auf taube Ohren: Ein Geistlicher aus Kolumbien beschließt, sich von seinem Mercedes Cabrio E200 zu trennen.

Gottesdienst auf der Flüchtlingsinsel

Die erste Reise außerhalb der Grenzen Roms führt Franziskus nicht etwa an einen Wallfahrtsort, sondern in ein Randgebiet menschlicher Existenz, auf die Flüchtlingsinsel Lampedusa. Die Insel zwischen Tunesien und Sizilien ist seit den 1990er Jahren das Ziel Tausender Flüchtlinge aus Afrika, die ihr Leben aufs Spiel setzen, um nach Europa zu kommen. Oft sind sie mit kaum seetauglichen Booten unterwegs, allein auf sich und ihre unzureichenden Navigationskenntnisse gestellt, und regelmäßig kommt es zu Schiffsunglücken mit Todesopfern. 19000 Menschen sollen bisher so ihr Leben gelassen haben. In Lampedusa warten zwei Auffanglager auf die illegalen Flüchtlinge. Sie sind hoffnungslos überfüllt; immer wieder eskaliert die Situation in Protesten gegen die haftähnlichen Bedingungen. Europa schaut weg, so scheint es.

Gegen diese Gleichgültigkeit setzt Franziskus ein Zeichen. Gemeinsam mit Einheimischen und Flüchtlingen feiert er am Hafen eine Messe und wirft vom Boot aus einen Kranz ins Meer – zum Gedenken an die Flüchtlinge, die ihr Leben auf See verloren haben. Symbolhaft ist auch, dass Franziskus in einem violetten Gewand zelebriert, der Farbe der Buße. Eine Beteiligung hochrangiger

Politiker hatte sich Franziskus im Vorfeld verbeten und beispielsweise auch die Mitreiseanfrage des italienischen Innenministers Angelino Alfano abgelehnt. Er ist gekommen, „um eine Geste der Nähe zu setzen, aber auch um unsere Gewissen wachzurütteln", nicht aber um Politikern beim Aufpolieren ihres Images zu helfen.

Ein Stich ins Wespennest

„Bei allem Respekt vor den Worten des Heiligen Vaters", das geht zu weit! Die Meinung der Vorsitzenden der rechtspopulistischen Partei Lega Nord, Gianna Gancia, zum Papstbesuch auf Lampedusa steht fest: Er hat kurz gesagt keine Ahnung von Einwanderungspolitik.

Es ist nur eine Stimme unter den verschiedenen Meinungen, die aus allen politischen Lagern Italiens nach dem Besuch der Flüchtlingsinsel laut werden. Wie ein Stich ins Wespennest hat die erste Reise des Papstes gewirkt. Vielen erscheint sie – sicher zu Recht – als ein Seitenhieb auf die italienische Flüchtlingspolitik. Kritisch äußert sich auch der Fraktionsvorsitzende von Silvio Berlusconis Partei PDL, Fabrizio Cicchitto: „Die religiöse Predigt ist eine Sache, eine andere jedoch der staatliche Umgang mit einem so schwierigen, komplexen und tückischen Phänomen wie der illegalen Einwanderung", weist er das Kirchenoberhaupt zurecht.

Unterstützung erhält der Papst aus dem linken politischen Spektrum. Marco Furfaro, der migrationspolitische Sprecher der SEL („Linke Ökologie Freiheit"), lobt den Besuch als „großes Ereignis": „Der Papst hat das getan, was die Politik sich viele Jahre zu tun geschämt hat; er hat die, die vor unserer Tür auftauchen, umarmt und willkommen geheißen."

Twitter-Rekord

Der Twitter-Account @Pontifex wurde bereits zur Amtszeit von Benedikt XVI. eingerichtet, getwittert hat der Ratzinger-Papst aber nur sehr selten. Die Kurznachrichten sind seit Franzsikus' Amtsantritt häufiger geworden. Alle paar Tage können seine „Follower" nun Botschaften wie diese lesen: „Christ sein heißt nicht bloß die Gebote befolgen, sondern zulassen, dass der Herr von unserem Leben Besitz ergreift und es verwandelt." Manche der kurzen „Tweets" lesen sich beinahe wie Lebenshilfe-Ratschläge: „Ärgern wir uns über jemanden? Beten wir für ihn. Das ist christliche Liebe." In den ersten drei Monaten seines Pontifikats entwickelt sich der Papst zum religiösen Oberhaupt mit den meisten Followern. Mit etwa 7,3 Millionen Twitter-Nutzern, die seine Botschaften abonniert haben, hat er den Dalai Lama damit vom ersten Platz verdrängt – obwohl der Dalai Lama schon seit 2010 twittert. Deutlich mehr Follower bei Twitter haben aber Popstars wie Lady Gaga. Die meisten Follower hat Franziskus im spanischsprachigen Raum. Man kann seine Kurznachrichten aber auch in acht anderen Sprachen, darunter auf Deutsch oder Latein, lesen.

Schluss mit Geldwäsche

Sie scheint ein tiefer Sumpf zu sein, der sich nur schwer trockenlegen lässt: die als Vatikanbank bekannte Institution IOR. Schon seit den 1970er Jahren, verstärkt aber seit 2009 gerät sie immer wieder in die Schlagzeilen: Geldwäsche im Dienst der Mafia, Schmiergeldaffären, Korruption und Schmuggel lauten die Vorwürfe. Lange Zeit wurden Details vertuscht. Erste Reformen für mehr Transparenz hatte 2011 bereits Benedikt XVI. begonnen. Franziskus forciert den Reformprozess; Ende Juli setzt er eine Kommission ein, die Informationen über das IOR sammeln, dazu auch vertrauliche Unterlagen einsehen und Vorschläge für eine Reform des IOR erarbeiten soll. Franziskus holt sich dabei professionelle Hilfe von außen. Neben ranghohen Kurienmitarbeitern gehört auch die Juristin und Harvard-Professorin Mary Ann Glendon zur Kontrollkommission.

Selbst die Möglichkeit, die Vatikanbank ganz aufzulösen, schließt er nicht aus. Während einer Morgenmesse, bei der auch Mitglieder des IOR anwesen sind, sagt er: „Paulus hatte kein Bankkonto", und „die Behörden sind erforderlich ... Jedoch nur bis zu einem gewissen Punkt. Wenn die Organisation die erste Stelle einnimmt, geht die Liebe unter, und die Kirche wird eine Nichtregierungsorganisation." Wenn das IOR weiter bestehe, sei ihm wichtig, dass es mit dem Auftrag des Apostolischen Stuhls „harmonisiere".

Die Direktoren gehen

Der Papst, den viele als zurückhaltend und beinahe schüchtern erleben, kann offenbar auch durchgreifen. Menschen, die ihn von früher her kennen, überrascht das nicht. Sie berichten: Bergoglio ist ein Stratege, der sich durchsetzen kann, wenn er will. Der Kirche scheint das gut zu tun, wie sich beispielsweise bei der Reform der Vatikanbank zeigt. „Franziskus räumt auf", schreibt das Handelsblatt. Und tatsächlich gleicht das, was im Sommer 2013 geschieht, einem Erdrutsch. Nachdem Ende Juni der Rechnungsprüfer der vatikanischen Güterverwaltung APSA, Prälat Nunzio Scarano, verhaftet wurde – offenbar hatte er versucht, 20 Millionen Euro am Zoll vorbeizuschmuggeln – treten am 1. Juli der Direktor der Vatikanbank Paolo Cipriani und sein Vize-Direktor Massimo Tulli zurück. Hatten sie gebilligt, dass Scarano über die Konten der IOR dubiose Geldgeschäfte abwickelte? Aus dem Vatikan heißt es zunächst diplomatisch, Cipriani und Tulli hätten entschieden, ihr Rücktritt sei das Beste für den Vatikan. Offenbar lässt sich der Reformkurs mit den bisherigen Direktoren nicht durchführen.

Mann des Jahres

Anfang Juli kürt die italienische Ausgabe der Zeitschrift „Vanity Fair" Papst Franziskus vorfristig zum „Mann des Jahres". Auf der Titelseite, die sonst eher Popstars und Schauspieler zieren, prangt ein Foto des Papstes und der Titel „Papa Coraggio", der mutige Papst. In den ersten 100 Tagen seines Amtes, heißt es zur Begründung, sei er durch klare Worte, Tatkraft und mutige, unkonventionelle Gesten aufgefallen. Auch Prominente wie der italienische Sänger Andrea Bocelli oder Popstar Elton John kommen zu Wort und äußern sich begeistert über Franziskus, den sie als „ein wahrhaftiges Geschenk Gottes" verstehen.

Wie der Papst, der bei öffentlichen Auftritten selbst wie ein Popstar bejubelt wird, mit dem Kult um seine Person umgeht? Auch wenn es zu seinem Amt „dazugehört", ist ihm der Rummel nicht ganz geheuer. An Pfingsten fordert er die Gläubigen, die auf dem Petersplatz in Sprechchören seinen Namen rufen, auf, stattdessen lieber den Namen des Herrn zu rufen: „Ab jetzt nicht mehr Franziskus, sondern Jesus. In Ordnung?" Und bei einer Generalaudienz mahnt er: „Niemand ist der Wichtigste in der Kirche ... Ich bin wie jeder von euch, wir sind alle gleich, wir sind Brüder!"

Gegen Kindesmissbrauch und Korruption

Sehr rasch erwirbt sich Franziskus in den ersten Monaten seines Pontifikats einen Ruf als Reformer, der auch heiße Eisen anpackt. Zum Beispiel den Kindesmissbrauch, eine der großen Baustellen der Kirche. Am 11. Juli gibt er ein Apostolisches Schreiben heraus, das zusammen mit drei Gesetzen eine große Strafrecht-Reform im Vatikan einführt. Damit stärkt und modernisiert er das Strafrecht bei Kindesmissbrauch und Korruption. So werden etwa Verbrechen wie sexuelle Gewalt gegen Kinder, Kinderpornografie und Prostitution von Kindern präziser als Straftatbestände definiert. Auch an internationale Standards wird das Rechtswesen des Vatikans angepasst. So soll die internationale Zusammenarbeit im Kampf gegen Kriminalität gefördert werden.

„Ich entscheide selbst"

„Ich entscheide selbst, wen ich sehe, nicht meine Sekretäre." – In einem Telefonat mit seinem ehemaligen Schüler und langjährigen Freund Jorge Milia erzählt Franziskus, wie viel Kraft es erfordert, sich gegen einige dienstfertige Herren im Vatikan durchzusetzen. Jede Änderung, die er einführe, koste ihn deshalb große Anstrengung. Seine Agenda will er sich nicht diktieren lassen, und ganz besonders graut es ihn vor der Vorstellung, als „Gefangener" seiner Sekretäre zu enden. Möglicherweise erklärt dies den leeren Stuhl, der am 22. Juni bei einem Festkonzert in der vatikanischen Audienzhalle ins Auge sticht. Führende Kurienmitglieder füllen die Halle, doch ausgerechnet der wichtigste Gast fehlt: Franziskus lässt sich im letzten Augenblick entschuldigen. Er habe wichtige Dinge zu erledigen, lässt er etwas rätselhaft ausrichten.

Franziskus und „der Alte"

In seinem Telefonat mit Jorge Milia erzählt Franziskus auch von der Beziehung zu Benedikt XVI. Seine Worte sind dabei voller Dankbarkeit und Bewunderung. Es ist, als habe Franziskus in Benedikt einen ehemaligen Schulfreund wiedergefunden, berichtet Jorge Milia, einen, der ihm ein wenig voraus ist und den er bewundert. „Du kannst dir die Demut und die Weisheit dieses Mannes nicht vorstellen", sagt Franziskus. „El viejo", den „Alten" nennt er Benedikt – für argentinische Ohren durchaus keine abwertende oder flapsige, sondern eher eine liebevolle Bezeichnung. „Heute war ich wieder beim Alten. Wir haben viel geredet. Für mich ist es eine Freude, Ideen mit ihm zu teilen." Als Milia ihm darauf rät: „Dann halte ihn nahe bei dir", entgegnet Franziskus, er wäre ja dumm, „auf den Rat einer solchen Person zu verzichten".

Weltjugendtag in Brasilien

Emotionaler Höhepunkt des Weltjugendtags ist die Vigilfeier am Abend vor der Abschlussmesse, zu der sich drei Millionen Menschen am Strand von Copacabana versammeln, mehr als zum Karneval. Das eigentlich dafür geplante „Feld des Glaubens" hat sich durch starken Regen in eine Schlammwüste verwandelt. Franziskus überspielt das Organisationschaos mit Leichtigkeit: „Will uns der Herr vielleicht sagen, dass das wahre Feld des Glaubens nicht ein geographischer Ort ist, sondern wir selbst?" Und dann verwendet er eine Sprache, die hier in Brasilien jeder versteht: die des Fußballs. Um Jesus zu folgen, also „in seiner Mannschaft zu spielen", muss man viel trainieren, beispielsweise das Gebet. Das lohne sich, denn „Jesus bietet uns etwas Größeres als den Weltcup!"

III. Ein Argentinier mit italienischen Wurzeln

„Dies vor allem habe ich aus meiner Kindheit behalten: die Gegenwart der Großeltern ... Und vor allem erinnere ich mich an Vater und Mutter, wie sie Zeit mit uns verbrachten, mit uns spielten, mit uns gemeinsam kochten ..."

Kardinal Jorge Mario Bergoglio

„Obwohl du heute Franziskus heißt, bleibst du für uns Jorge aus Flores."

Enrique Bugatti, aus dem „Tango für Franziskus"

„Ich merkte, dass ich erwartet wurde. Das ist die religiöse Erfahrung: das Erstaunen darüber, jemandem zu begegnen, der dich erwartet."

Jorge Mario Bergoglio über sein Berufungserlebnis

Schiffbruch ohne Papst

Als die Bergoglios Ende der 1920er Jahre von Italien nach Argentinien auswanderten, hatten sie Glück im Unglück. Sie hatten Tickets für die Reise mit der „Principessa Mafalda" gekauft, dem bis dahin größten zivilen Schiff Italiens. Was genau dann zur Verzögerung der Reise führte, darüber gibt es unterschiedliche Angaben. Einige Quellen sagen, für den Verkauf des Hausrats brauchte die Familie mehr Zeit als gedacht. In einer anderen Version der Geschichte waren die Ausreise-Papiere verspätet ausgestellt worden. Jedenfalls gaben die Bergoglios ihre Tickets zurück und verschoben die Überfahrt um einige Monate. Gott sei Dank, denn im Oktober 1927 ging das Passagierschiff „Principessa Mafalda" vor Brasilien unter. Bei dem Unglück verloren über 300 Menschen ihr Leben. Es war die größte zivile Tragödie in der Geschichte der italienischen Schifffahrt. Die „Principessa Mafalda" trägt deswegen auch den Beinamen „italienische Titanic". Die Bergoglios erreichten ihr Ziel übrigens wohlbehalten etwa zwei Jahre später.

Ein wenig Heimaterde

Das Haus in dem kleinen Dorf Portacomaro Stazione im Nordwesten Italiens, in dem die Familie von Bergoglios Vater lebte, steht heute noch. Als Erzbischof Bergoglio 2001 zu seiner Kardinalserhebung nach Italien kommt, schaut er zusammen mit seiner Schwester auch hier vorbei und nimmt etwas Erde aus der alten Heimat Piemont mit nach Buenos Aires. Zusammen spazieren sie durch die hügelige Landschaft, und Maria Elena Bergoglio schwärmt: „Die Gegend ist herrlich." Es heißt, Franziskus mag besonders den Wein, der hier angebaut wird: Grignolino, ein heller, erfrischender Rotwein.

Nach der Papstwahl herrscht in Portacomaro Aufregung. Hier heißen viele Einwohner mit Nachnamen Bergoglio, und so beginnt man, eifrig nach Verwandtheitsgraden zu forschen. Wer möchte nicht gern einen Papst in der Familie haben? Manch einer, darunter Cousins und Cousinen dritten oder vierten Grades, haben ihren berühmten Cousin vor Jahren schon getroffen. Sie nenne ihn einfach „Giorgio".

Eine echte italienische „Nonna"

Jorge Mario Bergoglio wird am 17. Dezember 1936 in Buenos Aires als ältestes von fünf Geschwistern geboren. Sein Bruder Alberto Horacio kommt nur 13 Monate nach ihm zur Welt. Da die Mutter mit den beiden kleinen Jungen etwas überfordert ist, verbringt Jorge Mario viel Zeit bei seiner italienischen Großmutter Rosa. Sie holt ihn morgens von zu Hause ab und bringt ihn abends zurück. Von ihr lernt er neben Liedern aus ihrer Heimat Piemont auch das Beten. Die Großmutter, eine echte italienische „Nonna" also, erzählt ihm außerdem Heiligengeschichten. Italienisch, genauer gesagt den Genueser Dialekt der Großeltern, lernt der kleine Jorge Mario noch vor Spanisch, der Amtssprache Argentiniens.

Schulkameraden aus Flores

Das Geburtshaus von Jorge Mario Bergoglio steht in der Calle Membrillar 1531 im Stadtteil Flores von Buenos Aires. In der argentinischen Hauptstadt gibt es starke Gegensätze zwischen arm und reich. Flores ist ein Viertel der unteren Mittelklasse; hier wohnen die ganz normalen

„kleinen Leute". Auch die Bergoglios gehörten zur Mittelklasse. Der Vater arbeitete als Buchhalter bei der Eisenbahngesellschaft. Der Bahnhof des Viertels liegt nicht weit von der Kirche Basílica de San José de Flores, die Ende des 19. Jahrhunderts eingeweiht wurde.

In Flores trifft man immer noch genug Menschen, die Jorge Mario von früher kennen, mit ihm gemeinsam zur Schule gegangen sind. Francisco Hugo, ein ehemaliger Schulkamerad, beschreibt ihn als „anständigen Charakter", der nie viel Aufhebens von sich gemacht hat und manchmal sein Pausenbrot teilte. Als er Bergoglio später im Fernsehen sieht, meint Hugo: „Er hat sich eigentlich nicht verändert."

In der Strumpffabrik

Wie man richtig anpackt, das hat Jorge Mario früh gelernt: Als er gerade 13 Jahre alt ist, fordert ihn der Vater auf, sich in den Ferien einen Job zu suchen. Die Bergoglios leiden nicht unter Armut. Es geht ihnen gut, auch wenn sie sich keine Extras und keinen Luxus leisten können; ein Auto beispielsweise haben sie nicht. Trotzdem ist Jorge zunächst überrascht, bis er begreift: Die Eltern wollen einfach, dass er Erfahrungen sammelt. Er findet einen Job als Reinigungskraft in einer Fabrik, in der Strümpfe hergestellt werden. Nach zwei Jahren wechselt er dort in die Verwaltung und führt den anfänglichen Ferienjob auch in der Schulzeit weiter. Im Nachhinein ist er froh über diese Erfahrungen und sagt: „Ich danke meinem Vater, dass er mich arbeiten geschickt hat. Die Arbeit war eines der Dinge, die mir am meisten gutgetan haben."

Gut gewürzt

Jorge Mario Bergoglio kocht gern. Gelernt hat er das schon früh von seiner Mutter. Nach Komplikationen bei der Geburt ihres jüngsten Kindes war sie zeitweise gelähmt. Bergoglio erinnert sich: „In dieser Zeit fanden wir sie bei unserer Rückkehr von der Schule, wie sie am Tisch saß und Kartoffeln schälte, um sich herum alle anderen Zutaten. Und dann erklärte sie uns, wie wir alles vermischen und kochen mussten." Jorge als der älteste der Geschwister wird schnell selbstständig.

Auch viele Jahre später als Professor am Colegio Máximo San José in San Miguel greift er zum Kochlöffel und kocht sonntags das Mittagessen für seine Studenten. Als Bischof geht er selbst in den Supermarkt, bereitet seine Mahlzeiten zu und isst in der Regel allein. Einladungen zu geselligen Essen lehnt er meist ab; in Restaurants sieht man den Erzbischof von Buenos Aires so gut wie nie. Gern isst er Hühnchen; als besonders schmackhaft gelten seine gefüllten Flusskrebse mit Risotto. Auf die Frage, ob er gut kocht, antwortet er: „Na ja, jedenfalls habe ich noch nie jemanden damit umgebracht."

Fußball-Leidenschaft

Eine Leidenschaft, die Bergoglio seit seiner Kindheit hegt, ist der Fußball. Wie alle Jungen seines Viertels spielt er Fußball und ist dabei gar nicht einmal schlecht, auch wenn er, wie sich ein Schulfreund erinnert, „das ein oder andere Fenster getroffen" hat. Die Montagnachmittage hat Jorge Mario für das Training reserviert. In Flores befindet sich auch das Stadion seines Vereins „San Lorenzo de Almagro". Benannt ist der Club nach dem katholischen Priester Lorenzo Massa, der Kindern erlaubte, im Hinterhof seiner Kirche Fußball zu spielen. Deshalb wird der Verein auch „Los Santos" („die Heiligen") genannt. Seit 2008, als der Verein sein hundertjähriges Bestehen feiert, ist Bergoglio Mitglied des Clubs und verfolgt die Spiele im Radio. San Lorenzo ist übrigens der einzige argentinische Fußballklub, auf dessen Stadiongelände eine Kapelle steht. Im Jahr 2011 feiert Kardinal Bergoglio hier eine Messe. „Los Santos" spielen also nicht nur in der Primera División, der 1. Liga, sondern auch mit ganz besonderer Hilfe von oben.

1:0 für „die Heiligen"

Nach Bergoglios Wahl zum Papst lässt der Verein „San Lorenzo" auf seine Trikots ein Papstbild und den Schriftzug „Papa Francisco" drucken, und die Mannschaft gewinnt prompt das nächste Spiel mit 1:0. Die argentinischen Sporttageszeitung „Olé" kommentiert: „Ein Geschenk Gottes!" Für den Papst-Verweis auf den Trikots musste „San Lorenzo" eine Sondererlaubnis einholen, da die Statuten des Weltverbands Fifa religiöse Botschaften auf dem Platz eigentlich verbieten. Das Trikot ist nun als Sonderedition erhältlich. Als Geschenk für sein berühmtes Mitglied schickt der Club übrigens ein ganz besonderes Trikot nach Rom: in den Vereinsfarben rot-blau und dem Schriftzug „Papst

Franziskus, wir beten für Sie; beten Sie für uns"
über dem Vereinswappen. Auf der Rückseite ist
groß „Francisco" zu lesen.

Ein ungewöhnlicher Heiratsantrag

Amalia Damonte hat ein offenes Lächeln; die
weißen gelockten Haare fallen ihr weich ins
Gesicht. Es fällt nicht schwer, sich die heute 76-Jährige als hübsche junge Frau vorzustellen. Sie ist
die ominöse Jugendfreundin von Jorge Mario Bergoglio, die in den Tagen nach dem Konklave von
Reportern aus aller Welt bestürmt wird. Alle wollen wissen, was es mit einem angeblichen Heiratsantrag des jungen Bergoglio auf sich hat. Amalia
Damonte ist die gleichaltrige Nachbarstochter von
Jorge; ihre Eltern stammen ebenfalls aus dem Piemont. Als Kinder und in ihrer Jugend verbringen
sie viel Zeit miteinander. „Einmal hat er zu mir
gesagt: ‚Wenn du mich nicht heiratest, werde ich
Priester!'" – Ein etwas launischer Heiratsantrag
des 12-Jährigen, der allerdings in seiner Voraussage doch recht behalten hat: Jorge Mario wird tatsächlich Priester. Dass aus ihm und Amalia nichts
wird, ist nicht zuletzt den Eltern zu verdanken. Die
waren gegen die Verbindung und verboten Jorge,

Amalia weiter „den Hof zu machen". Amalia Damonte ist inzwischen sechsfache Großmutter. Für das Pontifikat von Franziskus hat sie große Hoffnungen, denn er hat „ein gutes Herz".

Tango Argentino

Als Jugendlicher geht Bergoglio gern tanzen, zumindest wenn dabei Tangomusik gespielt wird. Tango liebt er auch heute noch sehr: „Dies ist etwas, das von innen kommt." Der Tango, der Ende des 19. Jahrhunderts in Buenos Aires aufkam und bald in der ganzen Welt getanzt wurde, kennt viele Varianten. Der junge Bergoglio tanzt am liebsten die Milonga, die als die schnelle Vorläuferin des Tangos gilt und in der weniger komplizierte Figuren getanzt werden. Zum Tango nimmt er damals auch Amalia Damonte mit. „Sie gehörte zu der Gruppe von Freunden, mit denen ich ausging zum Tanzen", erinnert sich Bergoglio an seine Freundin aus alten Tagen.

Da die Tango-Leidenschaft des Papstes in seiner Heimat längst bekannt ist, hat ein argentinischer Künstler Franziskus inzwischen einen eigenen Tango gewidmet. Der Text zum „Tango für Franziskus" stammt aus der Feder von Enrique Bugatti;

die Musik von Edmundo Rivero. Im Text heißt es: „Obwohl du heute Franziskus heißt, bleibst du für uns Jorge aus Flores."

Berufung im Beichtstuhl

Sein Berufungserlebnis hat Jorge Mario am 21. September 1953, da ist er 16 Jahre alt und hat gerade erst seine Ausbildung zum Chemietechniker begonnen. Er ist mit Freunden verabredet, geht aber zuvor noch in die Pfarrkirche San José de Flores. Dort begegnet er einem ihm unbekannten jungen Priester, der in einem der Beichtstühle Platz nimmt. „Ich fühlte mich, als ob mich jemand in den Beichtstuhl hineinzog", beschreibt Bergoglio später in einem Interview den Moment, der sein Leben verändern wird. Einem inneren Drang folgend, beschließt er, bei dem Unbekannten zu beichten. Am Ende der Beichte, sagt er, habe er „gespürt, dass ich Priester sein muss". Erst später erfährt er, dass der fremde Priester, der nur zur Aushilfe in der Kirche war und eigentlich aus einer etwa 1000 Kilometer weit entfernten Region im Nordosten Argentiniens stammt, an Leukämie litt und ein Jahr nach dieser Begegnung starb. Nach der Beichte begibt er sich nicht zum verabredeten

Treffen mit Freunden, sondern nach Hause. Ins Priesterseminar geht er allerdings erst drei Jahre später, nachdem er die Ausbildung abgeschlossen hat.

„Gute" Ratschläge

Seinen Entschluss, Priester zu werden, nehmen die Eltern unterschiedlich auf. Während sein Vater ihn bestärkt, ist die Mutter lange Zeit dagegen und gibt ihrem Ältesten gute Ratschläge. „Ich weiß nicht, ich sehe dich da nicht", sagt sie und empfiehlt ihm, doch noch ein wenig abzuwarten und weiterzuarbeiten. Sehr pragmatisch versucht die besorgte Mutter, ihn zur Räson zu bringen: „Mach doch wenigstens deine Studien fertig." Tatsächlich befolgt Bergoglio ihren Rat und setzt seine Ausbildung zum Chemietechniker fort, die er mit dem Diplom abschließt. Vier Jahre später, im März 1956, beginnt er dann doch die Ausbildung zum Priester. „Die Wahrheit ist", erinnert er sich, „dass meine Mama es schlecht aufnahm. Mein Vater verstand mich besser." War die Mutter nachtragend? Der Eindruck entsteht tatsächlich; immerhin weigert sie sich jahrelang, ihren Sohn im Priesterseminar zu besuchen. Bergoglio wiegelt ab: „Wir waren nicht zerstritten – nur dass sie eben nicht das Seminar betrat … Ihr war das alles zu schnell gegangen."

Mit halber Lunge

Seit seinem 21. Lebensjahr lebt Bergoglio mit Luftknappheit. Auch wenn es nicht direkt die halbe Lunge ist, die ihm fehlt, so wurde ihm doch der obere Teil des rechten Lungenflügels entfernt. Der Grund ist eine sehr schwere Lungenentzündung, an der er beinahe stirbt. Noch lange nach der Operation leidet er unter starken Schmerzen. Trost findet er in den Worten einer Ordensfrau, die zu Besuch kommt und sagt: „Du machst es Jesus gleich." Der Gedanke, eigenes Leid im Licht der Leiden Jesu zu verstehen, hilft ihm. Auch wenn er weit davon entfernt ist, das Leid selbst als Tugend oder gar als Selbstzweck zu sehen, sagt er: „Die Art und Weise, wie man es annimmt, kann durchaus tugendhaft sein." Zeit seines Lebens spürt Bergoglio die eigenen Grenzen und die eigene Schwäche mit jedem Atemzug. Vielleicht ist es auch das, was es ihm ermöglicht, mit Menschen in Not mitzufühlen und ihnen nahe zu sein.

IV. Priester und Erzbischof „am Ende der Welt"

„Für Bergoglio ist die Liebe die Quelle der Inspiration bei allem, was er tut. Dieses Wort bezeichnet den Kern seiner Botschaft."

Rabbiner Abraham Skorka, Buenos Aires

„Das Gute an Bergoglio war, dass es keine verschlossenen Türen gab."

Jorge Milia, ein ehemaliger Schüler Bergoglios am Jesuitenkolleg in Santa Fé

„Als Erzbischof hat Jorge Mario Bergoglio in Argentinien unmissverständlich an das soziale Gewissen der Menschen und die Verantwortung der Eliten appelliert, er hat sich der Armut gestellt. Er ist ein Mann der Tat. Das wird er als Papst sicher bleiben."

Prälat Klaus Krämer, Präsident von Missio und des Kindermissionswerks „Die Sternsinger"

Hinaus in die Welt

Am 13. Dezember 1969, wenige Tage vor seinem 33. Geburtstag, wird Bergoglio zum Priester geweiht. Sein Wunsch, und auch ein Grund, warum er sich für den Jesuitenorden entschieden hat, ist zunächst, als Missionar nach Japan zu gehen. Bei den Jesuiten überzeugt ihn nicht zuletzt die „missionarische Sendung" des Ordens. Franz Xaver, der Asienmissionar der Jesuiten, mag ihn dazu inspiriert haben. Allerdings macht ihm sein Lungenproblem einen Strich durch die Rechnung. Wegen dieser gesundheitlichen Einschränkung erhält er für die Japanreise keine Erlaubnis. Auslandserfahrung kann er trotzdem sammeln: in Spanien beim Tertiat, der letzten Ausbildungsstufe im Jesuitenorden. Und Mission ist auch später ein wichtiger Teil seines Selbstverständnisses als Priester. Den Glauben aus den Kirchen hinaus auf die Straße bringen – das macht er sich zur Aufgabe.

Über 40 Jahre später mahnt Bergoglio in seiner Rede vor dem Konklave mit deutlichen Worten, die Kirche dürfe nicht um sich selbst kreisen: „Sie ist aufgerufen, aus sich selbst herauszugehen und an die Ränder zu gehen. Nicht nur an die geografischen Ränder, sondern an die Grenzen der menschlichen Existenz."

In Zeiten der Diktatur

Ein Thema, das auch Jahrzehnte später noch für Zündstoff sorgt und Fragen über Bergoglios Handeln aufwirft, ist die Militärdiktatur in Argentinien (1976-1983). Zehntausende Regime-Gegner werden während dieser Jahre verhaftet und getötet oder verschwinden spurlos. Der Großteil der Priester und Bischöfe arrangiert sich mit dem Regime, nur die wenigsten stellen sich offen gegen die Militär-Regierung – und riskieren damit, selbst zu den nächsten Opfern zu gehören.

Wie verhält es sich nun im Fall von Bergoglio? Immer wieder versuchen Gegner, ihm im Nachhinein etwas anzuhängen. Der Rabbiner Abraham Skorka aus Buenos Aires sagt dagegen: „Es ist nicht wahr, dass er mit den Militärs zusammengearbeitet hat ... Im Gegenteil, ich könnte Ihnen die Namen von Personen geben, die vor Folter und Tod gerettet wurden, weil Don Jorge sich für sie einsetzte!" Auch der argentinische Menschenrechtler Adolfo Perez Esquivel verteidigt Bergoglio. Er sei kein Komplize der Diktatoren gewesen, sondern habe sich für die Begnadigung und Freilassung von Inhaftierten eingesetzt – wenn auch nur selten mit Erfolg.

Zwei Fälschungen

Der Enthüllungsjournalist Michael Moore – vor allem bekannt durch seine kritischen Filme über die US-amerikanische Waffenlobby und den Irakkrieg – glaubte wohl, bereits die nächste große Skandalgeschichte gefunden zu haben. Der wegen seiner Polemik ebenso umstrittene wie gefeierte Filmemacher veröffentlichte im Internet ein Foto, das angeblich zeigt, wie Bergoglio dem argentinischen Diktator Jorge Rafael Videla die Kommunion reicht. Später stellt sich jedoch heraus, dass der Geistliche auf dem Foto gar nicht Bergoglio ist, sondern ein deutlich älterer Priester. Moore räumt darauf seinen Fehler ein und löscht das Bild.

Was der übereifrige Moore vielleicht nicht weiß: Tatsächlich hat Bergoglio einmal eine Messe für die Familie des Diktators gefeiert – weil er an Videla herankommen wollte, um die Freilassung von verhafteten Priestern zu bewirken. Bergoglio schmuggelte sich zu der Messe in das Haus Videlas ein: Er gab vor, der eigentlich dafür bestimmte Geistliche sei krank geworden. Nach der Messe bat er Videla, die Gefangenen freizulassen. Ein geradezu filmreifer Coup – nur war Michael Moore mit seiner Kamera leider nicht dabei.

„Ich bin versöhnt"

Ein Fall, der von Kritikern Bergoglios als Beweis für seine Verstrickung in Verbrechen der Militärjunta gewertet wird, ist die Verhaftung zweier Jesuiten im Jahr 1976: Franz Jalic und Orlando Yorio. Es heißt, der Jesuitenobere Bergoglio habe die beiden Patres nicht ausreichend geschützt. Zu dieser Zeit waren Jalic und Yorio mit ihrem Orden zerstritten; sie wollten eine eigene Gemeinschaft gründen und hatten um ihre Entlassung aus dem Orden gebeten. Damit waren sie gegenüber dem Regime schutzlos geworden. Als den beiden Oppositionellen die Verhaftung drohte, bot Bergoglio ihnen an, sich im Provinzialat bei ihm in Sicherheit zu bringen, was sie aber ablehnten. Fünf Monate waren die beiden Patres in Haft. Nach ihrer Freilassung verließ Jalic das Land. Heute lebt er in Deutschland. Der inzwischen weißhaarige Mann berichtet: „Erst Jahre später hatten wir die Gelegenheit, mit Pater Bergoglio, der inzwischen zum Erzbischof von Buenos Aires ernannt worden war, die Geschehnisse zu besprechen. Danach haben wir gemeinsam öffentlich die Messe gefeiert, und wir haben uns feierlich umarmt. Ich bin mit den Geschehnissen versöhnt und betrachte sie meinerseits als abgeschlossen."

Bergoglio in Deutschland

Kurz nach der Papstwahl herrscht Aufregung in Frankfurt am Main. Stimmt es, dass der Papst in den 80er Jahren hier studiert und promoviert hat? Ist Frankfurt gar ein bisschen Papst? So schnell die Gerüchte hochgekocht sind, so schnell lassen sie sich auch aufklären. Ja, Jorge Mario Bergoglio war Mitte der 80er Jahre in Deutschland. 1986 hat er ein Semester an der von Jesuiten betriebenen Philosophisch-Theologischen Hochschule Sankt Georgen in Frankfurt verbracht. Hier beriet er sich mit den Professoren über ein mögliches Thema für eine Doktorarbeit, aus der dann aber nichts wurde. Romano Guardini interessierte ihn. Zu diesem Religionsphilosophen gibt es in der hiesigen Bibliothek viel Literatur. Michael Sievernich, der damals gerade Professor geworden war, erinnert sich noch gut an Bergoglio. Er sei ein „sehr weltoffener Mensch", erzählt er. Auch sein erster Auftritt als Papst sei typisch für ihn gewesen: „einfach und schnörkellos".

Boppard – Buenos Aires

Dass Bergoglio gut Deutsch spricht, verdankt er einem zweimonatigen Sprachkurs am Goethe-Institut in Boppard, einem beschaulichen Städtchen am Rheinufer südlich von Koblenz. Es war 1985, Argentinien hatte die Militärdiktatur zwei Jahre zuvor überwunden und war zur Demokratie zurückgekehrt. Während seiner Zeit in Boppard wohnte der damals 48-jährige Bergoglio zur Untermiete bei Helma und Josef Schmidt.

„Er ging immer betend durch unseren Garten", erinnert sich Helma Schmidt an den Gast, der sich ganz unproblematisch in den Haushalt einfügte und gern dem Klavierspiel ihres Mannes lauschte. Schon damals habe er Kontakt zu anderen Menschen gesucht und „selten alleine in seinem Zimmer gesessen". Den Kontakt haben sie über mehr als 20 Jahre gehalten. Zu Ostern, Weihnachten und auch zu anderen Gelegenheiten gingen per Luftpost Briefe zwischen Boppard und Buenos Aires hin und her. Er schrieb stets gut leserlich auf Deutsch.

Exportschlager aus Augsburg

Bei seinem Studienaufenthalt in Deutschland hat Bergoglio offensichtlich auch ein wenig die Gegend erkundet. Sicher ist, dass er die Augsburger Wallfahrtskirche St. Peter am Perlach besucht hat.

Das dortige Gnadenbild „Maria Knotenlöserin" beeindruckt ihn so sehr, dass er eine Abbildung davon mit nach Argentinien nimmt. Das Barockbild zeigt eine jugendliche Maria, die die Verknotungen in einem Band löst. Der Legende zufolge suchte der Großvater des Malers wegen einer Ehekrise Rat bei einem Jesuitenpater. Dieser bat Maria, die Knoten des Ehebandes zu lösen. Das Bild wird dank Bergoglio zu einem Exportschlager: Heute befindet sich in der Pfarrkirche San Jose del Talar in Buenos Aires eine Replik des Gemäldes, angefertigt von der Malerin Marta Beti. Verknotungen im Lebensband, die nur mit Hilfe der Muttergottes gelöst werden können – es ist ein anschauliches, lebensnahes Bild, das viele Menschen anspricht.

Der Erzbischof im Omnibus

1998 wird Bergoglio nach dem Tod von Kardinal Quarracino als sein Nachfolger Erzbischof von Buenos Aires. Doch auch als geistliches Oberhaupt der katholischen Kirche in Argentinien ist sein Lebensstil ungewöhnlich bescheiden. Statt im erzbischöflichen Palais wohnt er in einer kleinen Wohnung in der Nähe der Kathedrale und fährt – wie die meisten anderen Bewohner der Gegend – mit öffentlichen Verkehrsmitteln. Einen Fahrer hat er nicht. Oft sieht man ihn in der U-Bahn oder im Bus ins Gespräch mit anderen Fahrgästen vertieft. Die U-Bahn, so sagt er in einem Interview, nehme er zwar am häufigsten, da sie schneller sei, „doch wenn möglich bevorzuge ich den Bus, denn da kann ich zum Fenster auf die Straße hinaussehen".

Der Papst aus den Slums

„Papa villero" wird Franziskus in den Armenvierteln Villa 21-24 in Buenos Aires genannt, was so viel heißt wie „der Papst aus den Slums". Die Villa 21-24 sind ein zusammengewachsener Komplex von mehreren Elendsvierteln. Die Slums gelten als so gefährlich, dass Fremde sie nur ungern betreten. Es ist sogar schon vorgekommen, dass Polizei oder Notärzte sich geweigert haben, dorthin zu fahren.

Erzbischof Bergoglio kommt oft unangekündigt vorbei und ist für viele der Ärmsten ein echter Freund. Er initiiert Hilfsprojekte für Drogensüchtige und versucht, sie vor Drogendealern zu schützen, wenn diese sie bedrohen.

Cristian Marcelo Reynoso, der in einem Entzugsprogramm der Kirche seine Drogenabhängigkeit bekämpft, gehört zu den Jugendlichen, denen Kardinal Bergoglio jedes Jahr am Gründonnerstag die Füße wäscht. „Mit ihm konnte man wie mit einem Freund reden", erinnert sich Reynoso an die Begegnung. Eine andere Einwohnerin der Gegend meint: „Ich erinnere mich daran, dass er lange Spaziergänge durch unsere schmutzigen Straßen machte und mit unseren Kindern redete." „Eines Tages habe ich ihn in seinem Büro besucht", sagt der 22-jährige Jaidr Flores, „und ich war erstaunt, wie viele Fotos von geheilten Drogenabhängigen er auf seinem Schreibtisch hatte. Wir sind ihm wirklich wichtig."

Geht auf die Straße!

Als Erzbischof von Buenos Aires setzt sich Bergoglio dafür ein, dass die Kirche in den Elendsvierteln präsent ist. Er unterstützt die Arbeit der Priester und erhöht die Anzahl der Missionare von 10 auf über 20. Juan Isasmendi, einer der Priester aus den Armenvierteln, erinnert sich, dass Bergoglio immer ein offenes Ohr für sie hatte. „Man konnte ihn jederzeit auf dem Handy anrufen und 10 oder 20 Minuten mit ihm reden, manchmal sogar zwei Stunden lang. Er hat einen wunderbaren Sinn für Humor."

Als einer der Priester 2009 von Drogendealern Todesdrohungen erhält, hilft Bergoglio der Gemeinde durch die schwere Zeit hindurch. Er ging völlig ohne Begleitschutz langsam durch die Straßen, berichtet Isasmendi, „als ob er sagen wollte: Wenn ihr ihnen etwas tun wollt, müsst ihr es erst mit mir aufnehmen. Er bot sogar an, in der Kirchengemeinde zu übernachten, aber wir versicherten ihm, das sei nicht nötig." Der Missionar José Luis Rey erinnert sich: „Er hat immer gesagt, wir sollen uns nicht in die Sakristei einschließen, sondern raus auf die Straße gehen."

Nicht ohne Terminkalender

Bischof Bergoglio braucht keinen Sekretär; er bevorzugt den direkten Kontakt. Für seine Priester ist er jederzeit telefonisch erreichbar. Und seine Termine organisiert er auch lieber selbst. Als er einmal gefragt wird, was er im Fall eines Feuers zuerst retten würde, lautet die Antwort: Brevier und Terminkalender, denn in seinem Kalender habe er alle Verabredungen, Adressen und Telefonnummern. „Ich würde es sehr bedauern, meinen Terminkalender zu verlieren. Und ich hänge sehr an meinem Brevier. Es ist das erste, was ich morgens öffne, und das letzte, was ich schließe, bevor ich mich ins Bett lege." In seinem Brevier bewahrt er auch die Briefe seiner Großmutter auf. Bei Reisen packt er es deswegen ins Handgepäck.

Small Talk übers runde Leder

Viele Menschen, die Bergoglio als Bischof kennenlernen, sind angenehm überrascht, wie unkompliziert er im persönlichen Umgang ist. Selbst offiziellen Anlässen kann er so die Steifheit nehmen. Als der argentinische Rabbiner Abraham Skorka Weihbischof Bergoglio das erste Mal bei einer Nationalfeier in Argentinien trifft, spricht Bergoglio ihn einfach an und fragt nach seinem Lieblingsfußballklub. Das Eis ist gebrochen, wenn auch – wie Rabbiner Skorka mit einem Augenzwinkern berichtet – ganz neue Spannungen auftreten: Schließlich habe sich herausgestellt, dass ihre Fußballherzen für unterschiedliche Vereine schlagen. Bergoglio ist glühender Anhänger von „San Lorenzo"; Skorka dagegen ist Fan der „River Plates", die in der Tabelle knapp vor „San Lorenzo" rangieren. Nichtsdestotrotz wird aus der Begegnung eine Freundschaft, die nun schon seit 20 Jahren besteht. Der Rabbiner und der Erzbischof führen in Buenos Aires gemeinsam eine Reihe interreligiöser Gespräche durch und veröffentlichen zusammen ein Buch mit dem Titel „Sobre el Cielo y la Tierra" („Über den Himmel und die Erde").

Zum Glück keine Schwiegermutter

Der Zölibat ist eins der heißen Eisen der katholischen Kirche. Wie streng hält es ein Geistlicher damit? Hält er Änderungen für denkbar? – Danach unter anderem wird oft bemessen, wie konservativ oder reformfreudig ein Geistlicher ist. Als Kardinal ist Bergoglio in seinen moraltheologischen Ansichten, also zu Themen wie Zölibat, Homosexualität oder Frauen im Priesteramt, durchaus konservativ. In einem Interview gefragt, ob er die Abschaffung des Zölibats befürworte, verneint Bergoglio. Mit einem Augenzwinkern fügt er hinzu: „Ein Geistlicher hat mir mal gesagt, dass eine Aufhebung des Zölibats ihm zwar erlauben würde, nicht mehr allein zu sein und eine Frau zu haben, aber dass er sich damit auch eine Schwiegermutter einhandeln würde."

Noch ein Witz

Ganz so eindeutig, wie man zunächst meinen könnte, ist die Haltung Bergoglios jedoch nicht. Er sieht den Zölibat nämlich nicht als unveränderlichen Glaubensartikel, sondern lediglich als Norm, die in Zukunft auch geändert werden könnte. Zwar gehe er davon aus, dass die Kirche am Zölibat festhalten wird, sollte diese Norm jedoch einmal geändert werden, dann, so vermutet Bergoglio in einem Interview, wohl am ehesten „wegen eines kulturellen Problems an einem bestimmten Ort". Sprich: Er kann sich regionale Sonderregelungen vorstellen. Als Beispiel verweist er auf die Ostkirchen, in denen verheiratete Männer zu Priestern geweiht werden. Auch diesmal hat Bergoglio einen passenden Witz auf Lager: Zwei Priester unterhalten sich über ein zukünftiges Konzil. Einer fragt: „Wird ein neues Konzil den Pflichtzölibat aufheben?" Der andere gibt zur Antwort: „Ich meine ja." Da ergänzt der erste: „In jedem Fall werden das nicht mehr wir erleben, sondern unsere Kinder."

Teufel im Talar

Angespannt, distanziert, schwierig – so könnte man das Verhältnis von Erzbischof Bergoglio und dem argentinischen Präsidentenehepaar Néstor und Christina Kirchner bezeichnen. Néstor Kirchner ist von 2003 bis 2007 Präsident; anschließend folgt Christina Fernández de Kirchner ihrem Mann im Amt. Néstor Kirchner, dem immer wieder undemokratisches Verhalten vorgeworfen wird – er schränkt die Pressefreiheit ein und umgeht die Legislative durch eigene Dekrete –, nimmt dem Erzbischof seine regierungskritischen Predigten übel. Er und seine Frau weigern sich, am Nationalfeiertag zum Te Deum in die Kathedrale von Buenos Aires zu gehen – ein Termin, der an die Staatsgründung am 25. Mai 1810 erinnert und den bis dahin kein Staatschef versäumt hat. Dem „Teufel im Talar", wie er Bergoglio nennt, will Kirchner besser aus dem Weg gehen. Auch Christina Kirchner muss sich Kritik von Bergoglio gefallen lassen, besonders nachdem in Argentinien Abtreibungen und die Ehe von homosexuellen Paaren gesetzlich erlaubt werden. Korruption und persönliche Bereicherung werden ihr von vielen Seiten vorgeworfen. Und Bergoglio nimmt in seinen Predigten kein Blatt vor den Mund, wenn es um Machtmissbrauch und die Armut in Argentinien geht.

Des Kardinals alte Kleider

Kardinäle erkennt man gemeinhin am Kardinalsrot, das die Würde ihres Amtes zum Ausdruck bringen soll: Zingulum (Gürtelband) und Pileolus (Scheitelkäppchen) sind aus roter Moiréseide, zu besonderen Anlässen wird auch ein roter Talar getragen. Bergoglio, der 2001 von Johannes Paul II. zum Kardinal ernannt wird, tanzt da etwas aus der Reihe. Oft trägt er bloß ein einfaches schwarzes Shirt und den weißen Priesterkragen. Selbst bei Besuchen in Rom, wo die „Kardinalsdichte" naturgemäß etwas höher ist als im Rest der Welt, fällt Kardinal Bergoglio meist gar nicht auf, weil er nur selten das Kardinalsrot trägt, sondern in einfacher Soutane „inkognito" unterwegs ist. Nach seiner Ernennung lässt er sich die Gewänder nicht einmal neu schneidern, sondern trägt einfach die Kleidung seines Vorgängers auf, die nur ein wenig umgenäht wird, so dass sie ihm passt.

Am Gepäckband sind alle gleich

Wenn Kardinal Bergoglio nach Rom reist – was er anscheinend ungern tut, da ihm Reisen generell nicht liegen –, so bucht er den Flug stets bei einer Billig-Airline. In Rom angekommen, wartet er geduldig am Gepäckband auf seinen Koffer. „Einmal habe ich dort einen Unternehmer gesehen, der sich ärgerte, dass das länger dauerte mit seinem Koffer; der machte so ein Gesicht, als ob er sagen wollte: Man lässt mich hier warten, als wäre ich irgendein Landbote! Das hat mich sehr traurig gemacht: dass jemand, der so erfolgreich war, doch in etwas so Wesentlichem versagte." Am Gepäckband, so sagt Bergoglio, „sind alle gleich". In seinen Augen die größte Sünde „ist der Hochmut, also dass man sich für den Nabel der Welt hält". Wenn ihm das selbst passiere, sagt er, packe ihn „große Scham".

VI. Unkonventionell und mutig – die Worte des Papstes

„Ich glaube, dass Papst Franziskus durch sehr einfache und berührende Worte die Menschen erreicht und immer wieder deutlich macht, dass Kirche sich nicht einschließen darf, dass Kirche zu den Menschen gehen und sie ermuntern muss, sich dem Christentum zu öffnen."

Angela Merkel

„Papst Franziskus ist ein wahrer christlicher Radikaler."

George Weigel, Theologe und Autor

„Ich bin mir sicher, dass Papst Franziskus ganz wesentliche Akzente setzen wird, um die Kirche authentischer erlebbar zu machen."

Erzbischof Dr. Robert Zollitsch

„Franziskus begegnet den Menschen auf Augenhöhe."

Karl Kardinal Lehmann

Die Weisheit des Lebens

„Liebe Mitbrüder, nur Mut! Die Hälfte von uns steht in fortgeschrittenem Alter: Das Alter ist – gern drücke ich es so aus – der Sitz der Weisheit des Lebens. Die Alten haben die Weisheit, im Leben ihren Weg zurückgelegt zu haben wie der greise Simeon, wie die greise Anna im Tempel. Und genau diese Weisheit hat sie Jesus erkennen lassen. Schenken wir diese Weisheit den jungen Menschen: Wie der gute Wein, der mit den Jahren immer besser wird, so schenken wir den jungen Menschen die Weisheit des Lebens. Mir kommt in den Sinn, was ein deutscher Dichter [Friedrich Hölderlin] über das Alter gesagt hat: ‚Es ist ruhig das Alter und fromm.' – Es ist die Zeit der Ruhe und des Gebets. Und es ist auch die Zeit, den jungen Menschen diese Weisheit zu geben."

Ansprache bei der Audienz für die Kardinäle, Sala Clementina, 15. März 2013

Keine Angst vor der Zärtlichkeit!

„Die Zärtlichkeit ist nicht etwa die Tugend des Schwachen, nein, im Gegenteil: Sie deutet auf eine Seelenstärke hin und auf die Fähigkeit zu Aufmerksamkeit, zu Mitleid, zu wahrer Öffnung für den anderen, zu Liebe. Wir dürfen uns nicht fürchten vor Güte, vor Zärtlichkeit!"

Predigt zur Amtseinführung, 19. März 2013

Den Horizont der Hoffnung öffnen

„Die Schöpfung zu bewahren, jeden Mann und jede Frau zu behüten mit einem Blick voller Zärtlichkeit und Liebe, bedeutet, den Horizont der Hoffnung zu öffnen; bedeutet, all die Wolken aufzureißen für einen Lichtstrahl; bedeutet, die Wärme der Hoffnung zu bringen!"

Predigt zur Amtseinführung, 19. März 2013

Achtung gegenüber der Schöpfung

„Es hilft mir, an den Namen Franziskus zu denken, der eine tiefgreifende Achtung gegenüber der gesamten Schöpfung und die Bewahrung unserer Umwelt lehrt, die wir leider allzu oft nicht zum Guten gebrauchen, sondern sie gierig ausbeuten zum gegenseitigen Schaden."

Ansprache beim Empfang des Diplomatischen Korps, 22. März 2013

Den Heiligen Geist zähmen

„Das Konzil war ein großartiges Werk des Heiligen Geistes. Aber heute, 50 Jahre danach, müssen wir uns fragen: Haben wir da all das getan, was uns der Heilige Geist im Konzil gesagt hat? In der Kontinuität und im Wachstum der Kirche, ist da das Konzil zu spüren gewesen? Nein, im Gegenteil: Wir feiern dieses Jubiläum und es scheint, dass wir dem Konzil ein Denkmal bauen, aber eines, das nicht unbequem ist, das uns nicht stört. Wir wollen uns nicht verändern und es gibt sogar auch Stimmen, die gar nicht vorwärts wollen, sondern zurück: Das ist dickköpfig, das ist der Versuch, den Heiligen Geist zu zähmen. So bekommt man törichte und lahme Herzen."

Predigt in der Kapelle des Gästehauses Santa Marta, 16. April 2013

Gott ist kein „Dio-Spray"

„Glauben bedeutet Begegnung mit Gott als Person und nicht mit einem ‚Dio-Spray'. Gott ist keine nebulöse Essenz, die man nicht spürt, sondern ein Vater, dem man lebendig begegnen und den man erfahren kann."

Predigt in der Kapelle des Gästehauses Santa Marta, 18. April 2013

Seid Hirten, nicht Funktionäre!

„Übt das Priesteramt Christi mit Freude und echter Liebe aus ... Seid Hirten, nicht Funktionäre! Seid Mittler, nicht Zwischenhändler! Habt immer das Beispiel des Guten Hirten vor Augen, der nicht gekommen ist, um sich dienen zu lassen, sondern um zu dienen und um zu suchen und zu retten, was verloren war!"

Predigt bei der Priesterweihe im Petersdom, 21. April 2013

Wenn die Hirten zu Wölfen werden

„Wenn ein Priester, ein Bischof vorrangig an Geld interessiert ist, dann liebt ihn das Volk nicht, und das ist ein Zeichen. Und er selbst nimmt ein böses Ende. Paulus spricht davon: ‚Ich habe mit diesen meinen Händen gearbeitet.' Paulus hatte kein Bankkonto, er arbeitete. Und wenn ein Bischof, ein Priester auf den Weg der Eitelkeit gerät, dann tritt er ein in den Geist des Karrierestrebens, er fügt der Kirche großen Schaden zu. ... er brüstet sich, es gefällt ihm, sich zu zeigen in all seiner Macht ... Ihr seht, was unser Problem ist und was unsere Versuchungen sind: Deshalb müsst ihr für uns beten, damit wir arm bleiben, damit wir demütig bleiben, sanftmütig, im Dienst des Volkes. Wir brauchen das dringend, um treu zu bleiben, um Männer zu sein, die über die Herde wachen und auch über uns selbst. ... wenn wir auf den Weg des Reichtums geraten, wenn wir den Weg der Eitelkeit einschlagen, dann werden wir Wölfe. Und nicht Hirten."

Predigt in der Kapelle des Gästehauses Santa Marta, 15. Mai 2013

Die Kirche ist keine Nichtregierungsorganisation

„Die Kirche ist keine politische Bewegung, noch eine gut organisierte Struktur: Das ist es nicht. Wir sind keine NGO [Nichtregierungsorganisation], und wenn die Kirche eine NGO wird, verliert sie das Salz, hat keinen Geschmack mehr, ist nur noch eine leere Organisation. ... Die Kirche ist Salz der Erde, ist Licht der Welt, sie ist berufen, in der Gesellschaft den Sauerteig des Gottesreiches zu vergegenwärtigen, und das tut sie vor allem mit ihrem Zeugnis, dem Zeugnis der Bruderliebe, der Solidarität, des Teilens."

Ansprache bei der Pfingstvigil mit den kirchlichen Bewegungen,
18. Mai 2013

Ich bin wie jeder von euch

„Niemand ist zweitrangig. Niemand ist der Wichtigste in der Kirche, wir sind alle gleich in den Augen Gottes. Jemand von euch könnte sagen: ‚Hören Sie, Herr Papst, Sie sind uns nicht gleich.' Doch, ich bin wie jeder von euch, wir sind alle gleich, wir sind Brüder! Niemand ist anonym: Wir alle bilden und bauen die Kirche!"

Generalaudienz, 26. Juni 2013

Leben in der Wegwerfkultur

„Wenn ein Computer kaputtgeht, ist es eine Tragödie, aber die Armut, die Nöte, die Dramen vieler Menschen werden am Ende zur Normalität. Wenn zum Beispiel in einer Winternacht, hier ganz in der Nähe, in der ‚Via Ottaviano', ein Mensch stirbt, dann macht es keine Schlagzeilen. Wenn es in vielen Teilen der Welt Kinder gibt, die nichts zu essen haben, dann macht das keine Schlagzeilen, sondern scheint normal zu sein. Das darf nicht so sein! Und doch gehören diese Dinge zur Normalität: dass einige obdachlose Menschen auf der Straße erfrieren, macht keine Schlagzeilen. Ein Verlust von zehn Punkten an den Börsen einiger

Städte dagegen stellt eine Tragödie dar. So werden Menschen weggeworfen, als seien sie Abfall. Diese ‚Wegwerfkultur' wird zur allgemeinen Denkweise, die alle ansteckt."

Generalaudienz, 5. Juni 2013

Die Globalisierung der Gleichgültigkeit

„Wer ist der Verantwortliche für das Blut dieser Brüder und Schwestern? Niemand! Wir alle antworten so: Ich bin es nicht, ich habe nichts damit zu tun, es werden andere sein, sicher nicht ich. Aber Gott fragt einen jeden von uns: ‚Wo ist dein Bruder, dessen Blut zu mir schreit?' Niemand in der Welt fühlt sich heute dafür verantwortlich; wir haben den Sinn für brüderliche Verantwortung verloren. Die Wohlstandskultur, die uns dazu bringt, an uns selbst zu denken, macht uns unempfindlich gegen die Schreie der anderen; sie lässt uns in Seifenblasen leben, die zur Gleichgültigkeit gegenüber den anderen führen, ja zur Globalisierung der Gleichgültigkeit. Wir haben uns an das Leiden des anderen gewöhnt, es betrifft uns nicht, es interessiert uns nicht, es geht uns nichts an!"

Predigt auf der Flüchtlingsinsel Lampedusa, 8. Juli 2013

Jorge Mario Bergoglio – Franziskus

1936	Jorge Mario Bergoglio wird in Buenos Aires, Argentinien, geboren
	Ausbildung zum Chemietechniker
1956	Eintritt in das diözesane Priesterseminar
1958	Eintritt in den Jesuitenorden
1958-1963	Noviziat in Córdoba, Argentinien, geisteswissenschaftliches Grundstudium in Chile, Studium der Philosophie in San Miguel, Argentinien
1964-1966	Lehrer für Literatur und Psychologie am Jesuitenkolleg in Santa Fé und Buenos Aires
1967-1970	Theologiestudium in San Miguel, Argentinien
1969	Priesterweihe
1971-1971	Tertiat, letzte Ausbildungsstufe im Jesuitenorden, in der Nähe von Madrid in Spanien

1973-1979	Provinzial des Jesuitenordens in Argentinien
1980-1986	Rektor des Colegio Máximo San José in San Miguel, Theologieprofessor der Fakultäten für Philosophie und Theologie
1985	Zweimonatiger Sprachkurs am Goethe-Institut in Boppard, Deutschland
1986	Studienaufenthalt an der Philosophisch-Theologischen Hochschule Sankt Georgen in Frankfurt am Main
1986-1992	Seelsorger in Buenos Aires und Córdoba, Argentinien, als Spiritual und Beichtvater
1992	Ernennung zum Weihbischof in Buenos Aires, Bischofsweihe
1998-2013	Erzbischof von Buenos Aires
2001	Erhebung zum Kardinal, Generalrektor der 10. Ordentlichen Bischofssynode
2005-2011	Vorsitzender der Argentinischen Bischofskonferenz
2013	13. März: Wahl zum Papst
2013	5. Juli: 1. Enzyklika „Lumen Fidei"
2013	Ende Juli: Reise zum Weltjugendtag in Rio de Janeiro

Verwendete Literatur

Papst Franziskus, Lumen Fidei
Papst Franziskus, Betet für mich!, St. Benno-Verlag 2013.
Papst Franziskus – Mein Leben. Mein Weg. Die Gespräche mit Jorge Mario Bergoglio von Sergio Rubin und Francesca Ambrogetti, Herder 2013.
Stefan von Kempis, Papst Franziskus. Wer er ist, wie er denkt, was ihn erwartet, Herder 2013.
Jürgen Erbacher, Papst Franziskus. Aufbruch und Neuanfang, Pattloch 2013.
Simon Biallowons, Franziskus. Der neue Papst, Kösel 2013.
Esther von Krosigk, Papst Franziskus. Anekdoten, Aperçus und Amüsantes über den Pontifex aus Lateinamerika, Fromm Verlag 2013.
Seite 103-109: © Libreria Editrice Vaticana, Città del Vaticano